U0518047

YUZURU METHOD

羽生结弦
王者之路

羽生結弦 王者のメソッド

[日] 野口美惠 著　王静 刘健 译

中信出版集团 | 北京

2009
世界青少年花样滑冰锦标赛

14岁首次参赛的羽生名列第
12位。他将不甘心化为动力，
在次年的世界青少年花样滑冰
锦标赛上一举夺魁。

2012
世界花样滑冰锦标赛

羽生首次参加此大赛，凭借《罗密欧与朱丽叶》的精彩表演在自由滑中位居第 2 名，总分排第 3 名。

2012
全日本花样滑冰锦标赛

羽生在自由滑位居第 2 名，
最终首次获得桂冠。这是羽
生与王牌选手高桥大辅进行
新老交替的历史瞬间。

2013
世界花样滑冰大奖赛总决赛

羽生力克陈伟群，首次摘得总
决赛桂冠。在索契冬奥会前
夕，羽生取得了长足进步。

2014
索契冬奥会

羽生在短节目和自由滑中
均位列第 1 名，获得日本
男子花样滑冰史上首枚冬
奥会金牌。

2014
索契冬奥会

2015
世界花样滑冰锦标赛

羽生以 2.82 分的分差不敌
同门队友费尔南德兹，屈
居亚军。

2015
世界花样滑冰大奖赛日本分站赛

羽生以零失误的精湛表演突破了史无前例的300分大关，获得冠军。他已迈入绝对的王者之境。

2015
世界花样滑冰大奖赛总决赛

距离创造叹为观止的世界纪录仅
过去两周，羽生再次刷新了个人
最好成绩，以超过 330 分的成绩
实现三连冠。

2016
世界花样滑冰锦标赛

羽生作为绝对的冠军有力争夺
者发起冲击，但在自由滑中因
表现不佳取得银牌。费尔南德
兹蝉联冠军。

2016
世界花样滑冰大奖赛总决赛

羽生在自由滑中位居第 3 名，
首次在大奖赛总决赛中实现四
连冠。

2017
世界花样滑冰锦标赛

羽生在短节目中位居第 5 名，但凭借自由滑中的完美表演时隔 3 年再次夺得冠军。

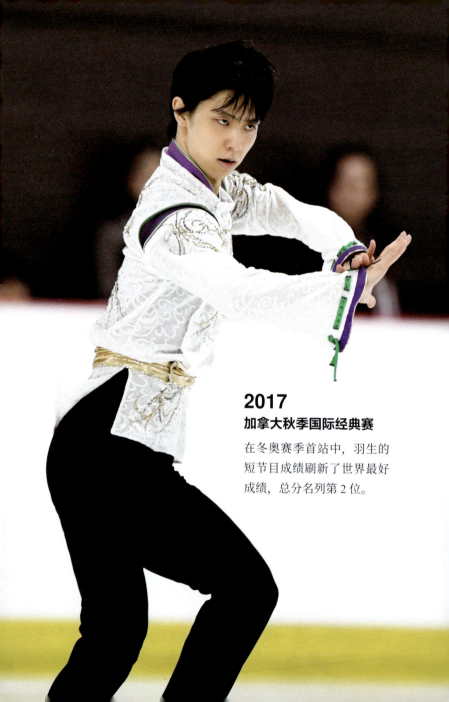

2017
加拿大秋季国际经典赛

在冬奥赛季首站中，羽生的短节目成绩刷新了世界最好成绩，总分名列第 2 位。

目　录

序　言

　　我花费了许久来思考羽生结弦迄今（截至 21 岁）的花样滑冰人生。

　　因此，这一天我也努力搜寻着脑海中的记忆。

　　2015 年 12 月，过完生日的羽生迎来了 21 岁生日的首场比赛——在西班牙巴塞罗那举办的世界花样滑冰大奖赛（以下简称大奖赛）总决赛。两周前，他在大奖赛日本分站赛上以 322.40 分的总得分创造了花样滑冰男单世界最好成绩。能打破这个纪录的也只有他自己。他迎来了独霸滑坛的一场比赛。

　　比赛场馆位于巴塞罗那国际会议中心，蔚蓝、平静的地中海展现在观者眼前。大厅里充满了巴塞罗那耀眼的阳光和观众的喧闹声。观众都想一睹刚刚创造世界纪录的羽生的风采，可能的话，还想见证他再次突破世界最好成绩的壮举。每个人都渴望看到那动人的一幕。

周围越是嘈杂喧闹，羽生的头脑越是冷静，万千思绪涌上心头。

"我在日本分站赛上创造了世界纪录。322.40 分对我而言，是一个新的挑战。这个分数已成为我身上无形的压力。因此，我必须用顽强的毅力去战胜它。"

然而，两周前他的心境截然不同。他在 9 月、10 月的比赛中出现跳跃失误，还输给了劲敌陈伟群。羽生对这样的结果不甘心，向自我发起挑战。在 11 月举行的日本分站赛上，他在短节目表演中使用了 2 个四周跳。

"作为现役冬奥会冠军，为了蝉联 2018 年平昌冬奥会金牌，我必须比其他选手更胜一筹。因此，我在短节目表演中必须使用 2 个四周跳。我会享受挑战，心里没有一丝不安。我要成为绝对的王者。"

羽生故意接连说出斗志昂扬的话语来鼓舞自己。这正是他为打破世界纪录所采用的增强动力的心理控制方法。

然而创造世界最好成绩之后，下次比赛中的心理如何调节却是尚未可知的。与其说羽生并不畏惧这种未知的体验，不如说他享受着思绪翻飞的过程。

羽生回顾了自己过去的成功经验，以一颗斗志激昂的心发挥出最佳水平的比赛是什么时候的事呢？

　　"与 2012 年尼斯世界花样滑冰锦标赛别无二致。在那次比赛中，我的精彩表演《罗密欧与朱丽叶》俘获了众多粉丝的心。尽管我在之后的冰演中也表演了同样的节目，却再也无法达到之前的效果。有种表演是只有那一天、那个地点、那个年龄才能迸发出来的，因此没有必要去超越我在日本分站赛自由滑中的表演。因为我是怀着那样的感情完成了表演，重要的是每个心境。

　　"啊，我好紧张。冬奥会比赛时，我明明是想拿金牌而紧张，但在内心怎么也看不清自己的模样，中了'冬奥魔咒'。但是，在今年（2015 年）的日本分站赛上，我看清了一心想着'要做到零失误，总分超过 300 分'的自己，我接受了自己。只要弄清产生紧张的原因，在某种程度上就可以缓解紧张情绪。因此，现在我会努力认可并接受那个一心想要在日本分站赛上超越的自己。然后，我会聚精会神地做好每一个动作，把自己会的东西展现出来。"

　　这些话饱含着羽生 21 年思索出的心法要诀。一切尽在他的掌握之中。跟自己说什么样的话，自己的内心就会发生什么样的变化——从大脑发出的指令能够调控心理，唤醒身体。然后，将最好成绩铭刻于历史，把回忆织进观众的心里。

那一天，他成了传奇。

2009 年，14 岁的花滑少年羽生曾说过这样的话：

"我要成为传奇人物。我想向大家展示，在某个方面，人类的首次突破，只有我做到了。我要将'羽生结弦'这个名字铭刻于历史！"

这句宣言没有化作天方夜谭，少年心里自知。人是经过思考、积累经验而不断成长的生物。正因如此，他每一天都在冥思苦想。

羽生是如何培养出像火焰般炽热的内心？他又是如何开创出属于自己的王者之路？本书关注着羽生的内心和头脑，即将揭晓 21 岁的他所走过的旅程。

1

青少年时代

13岁~15岁

2008—2010

"我想成为日本第二位冬奥会
（花样滑冰项目的）金牌获得者。"

"世界上超过 99% 的人还不知道我的名字，哪怕能让知道我的人增加 1%，我都会为此奋斗。我想为观众奉献令他们无法忘怀的表演。"

这是羽生结弦首次参加世界大赛时说的话。他是认真的。

他以大赛史上最小年龄——14 岁零 2 个月参加 2009 年世界青少年花样滑冰锦标赛，是大赛史上最年轻的选手，与世界顶尖花样滑冰选手的相遇也让羽生结弦心潮澎湃。

当然，不要误解，这名少年并不是想成为有名的人物。为世人所知，也可以理解为少年想了解世界的另一面。从此，一个未知的世界展现在眼前，少年盼望着能留下自己的足迹，哪怕只有一点。

自 4 岁开始学习滑冰，彼时已有 10 年。他参加了名为"世界"的花样滑冰比赛。他感到打开这扇门所花的 10 年只是"花滑人生的 1%"。他是一个时常分析自己现在做到了什么程度、还能做什么的少年。他喜欢分析、思考战略并付诸行动。

离他的目标还有 99% 的距离。的确，旅程刚刚开启。

仙台有个"天才小蘑菇"

1994 年 12 月 7 日，羽生结弦出生于日本宫城县仙台市北部的卫星城。

以前，这里是被称为"稻米产地"的宫城核心生产区，有一片广袤的水稻田，绿意盎然。20 世纪 90 年代，宫城县以打造百万人口城市为目标对这里进行了大力开发，作为仙台市北部的副城市中心和最适合育儿的区域，这里人气高涨。

随着面向年轻家庭阶层的高级公寓和住宅的建成，大型购物商场和文化、体育设施也陆续出现。开车 10 分钟，丘陵和沼泽地等自然风光就展现在眼前；开车 30 分钟就可以到达滑雪场和温泉胜地。自然和城市相融合，这里被称为"如果曾在这里住过，一定会再回来"的富裕城市。

在这座城市出生的羽生结弦 4 岁时，开始在家附近的购物商场内的"泉 DOSC 滑冰场"学习滑冰。他去了姐姐学习滑冰的滑冰教室，从此与滑冰结缘。

20 多年前的日本有许多像这样商场与体育设施融为一体的建筑。妈妈去购物的时候可以让孩子在这里进行体育活动，这样的模式在这个新兴住宅区固定了下来。

除上学的时间外，羽生几乎每天都会去那个从家步行就能到达的滑冰场，很快就展现出自己的才华。10 岁时，他已然被称为"仙台的天才小蘑菇"，在滑冰圈声名鹊起。

所谓蘑菇，指的是他的发型。羽生结弦模仿偶像——俄罗斯的叶甫根尼·普鲁申科的发型，留了同款娃娃头。

"我的目标就是叶甫根尼·普鲁申科。普鲁申科在表演中几乎是零失误，而且他的表演能打动观众，真是太棒了。"

当然，宫城县的体育少年中也没有留长发的。不过，说到才华横溢，他很难不引人注目。或者说，这位少年非常喜欢惹人关注，成为周围人谈论的话题也是他前进的动力。

12岁时，羽生受邀参加了在当地仙台体育馆举办的全日本青少年花样滑冰锦标赛。在13~18岁的大哥哥们的赛场上，他取得了铜牌。

"参加全日本青少年花样滑冰锦标赛，我没想过会登上领奖台，所以特别开心。但是，明年我想拿冠军。既然好不容易来参加比赛，那我就要赢。"

这时，少年清楚地知道自己内心有着"对胜利的渴望"。为了确认这种渴望，他多次说出"我想赢"。这不是孩子任性的话语，而是为了给自己布置任务才勇于说出的心声。这是羽生结弦通向王者之路的起点。

"我想成为日本第二位冬奥会（花样滑冰项目的）金牌获得者。"

从2008—2009赛季开始，羽生结弦保持着绝佳状态，升至青年组。在2008年夏天的强化特别训练中，他学会了阿克塞尔三周跳。在毫无压力的状态下，他凭借着精彩表现夺得了11月日本青少年花样滑冰锦标赛的冠军。这时他年仅13岁。

怀着这样的自信，同月羽生结弦参加了在名古屋市综合体育馆举办的全日本青少年花样滑冰锦标赛。只有夺冠者才能拿到参加2009年2月世界青少年花样滑冰锦标赛的唯一参赛资格。

"我要赢。"

13岁纤弱的少年用尚未变声的稚嫩嗓音高声宣布。虽然首先感受到的是他的可爱，然而他的眼神是认真的。

在比赛中，羽生结弦在短节目中因两跳失败排第4名，但他在自由滑中强势逆袭，获得冠军。

"今年我就是中学二年级的学生了，刚刚升到青年组，因此与周围的人还有年龄差距，但我能强烈地感受到自己已是青年组的一员。我和国外选手尚有较大差距，但我会在世界青少年花样滑冰锦标赛上全力以赴，展现出全日本青少年花样滑冰锦标赛冠军的风采。我还会在12月参加全日本花样滑冰锦标赛的成年组比赛，就像我当年以少儿组（9~12岁）的年龄参加全日本青少年花样滑冰锦标赛一样，我会以挑战者的心态拼尽全力。"

通过语言表达来增强动力。仿佛在尝试这种方法一般，他说出了"中学 2 年级""年龄差距"这样的话，并铭记于心。

手握全日本青少年花样滑冰锦标赛和世界青少年花样滑冰锦标赛两张入场券的 13 岁少年，没有停顿地继续说下去。

12 月，羽生结弦首次体验了全日本花样滑冰锦标赛的成年组比赛。

说起 2008 年的全日本花样滑冰锦标赛，焦点人物是浅田真央和安藤美姬等选手，那也是花样滑冰人气爆棚的时期。当然，赛场"大帽子"（对长野市多功能竞技馆的爱称）座无虚席。

在正式比赛之前，羽生刚进入场馆，就听到其他选手说"来了好多观众"，他无法抑制内心的兴奋之情。

登上冰场，他兴奋得流鼻血了，在赛前 6 分钟的热身训练中才止住。他勉强完成了冰上练习，在一边等待着上场，一听到观众对其他选手的欢呼声，他又流鼻血了。

在接下来的自由滑中，他因步调不协调，三周半跳只完成了一周半。在前半段的跳跃中，他连续出现了 3 个失误，这时观众席中响起了鼓励的掌声。

羽生一边激励自己，一边依次顺利完成了后半段的跳跃动作。伴随着《帕格尼尼主题狂想曲》的旋律，配合着观众鼓掌的拍子，他发丝飞舞，完成了自由滑比赛。这是他首次体会到全场观众的拍子转换成能量的瞬间。

"我第一次登上观众爆满的大舞台。我还流了鼻血，也许自己在精神上还比较脆弱。后半段我努力调整好状态，但前半段没能集中精神。但正因为有这样的挫折，所以我才想着后半段一定要跳好，千万别摔倒。（在我的动作中）融入情感并呈现出来对我来说是一个很大的收获。"

虽然是年仅14岁的特别参赛者，但他靠顽强拼搏取得了第8名。然而，媒体那天采访的都是织田信成、小冢崇彦等选手。当然，报纸和电视清一色报道的都是织田和小冢发表的评论。表演刚结束，在混合采访区面对那些对自己不怎么感兴趣的媒体，羽生这样说道："荒川静香前辈拿到了（首枚）冬奥会金牌，我想成为日本第二位冬奥会（花样滑冰项目的）金牌获得者。"

过于唐突的发言听上去就像不现实的孩童梦境一般。所有媒体都没有把这句话作为新闻来报道。

然而我们事后才知道这位少年的宣言是有计划的。

说出远大的目标，让自己没有退路，然后不顾一切地追求目标，这就是他增强动力的方法。这正是羽生结弦在人生首次参加成年组的花样滑冰比赛上，被 10 多位记者包围的瞬间所采取的行动。重点不是宣言能否被登载在报纸上，而是让从事媒体工作的大人们为他做证。

这是他以最小年龄参加的首届成年组花样滑冰大赛。在最天真无邪的脸庞上，伶俐的双眼里闪耀着光芒。

羽生结弦肩负的两个头衔

14 岁少年首次参加的世界性大赛就是 2009 年 2 月在保加利亚索非亚举行的世界青少年花样滑冰锦标赛。

在飞往保加利亚的国际航班上，羽生一直用耳机听着自己喜欢的乐曲和比赛曲目。他手上拿着一款崭新的 iPod nano[①]，他在 11 月的比赛中首次成功完成了阿克塞尔三周跳，这是阿部奈奈美教练作为奖励特意送给他的，那时教练还送了他一句"不忘初心"。对羽生而言，这句话成了他终身难以忘怀的座右铭。

品味着这句话，羽生一边听着音乐，一边在脑海里反

---

① 苹果公司推出的一款影音播放器。——编者注

复做着意象练习。结果，他彻夜未眠，飞机便抵达了保加利亚的首都索非亚。

到了当地，他也不去观光游览。他满脑子想的都是比赛的事情，每天坐着区间巴士往返于机场、酒店和冰场。

跟日本完备的道路设施不同，这里连主路都没有铺设沥青，尘土不断飞扬。一面是俄罗斯风格的外观精美的建筑，一面是尚未修建好的住宅街道，这是东欧才有的街景。

"现在我是在欧洲吧？有种来到欧洲以外国家的感觉！"

与欧美常见的早餐不同，羽生所在酒店的早餐只有保加利亚式。

"吃早餐的时候，发现米饭里夹着香草，这让我大吃一惊。我吃惯了从日本带来的速食米饭，所以算是吃着非常时期的食物。"

和以往的比赛不同，这次来到了特殊的地方，因此他不免精神紧张。

羽生肩负着"本大赛最年轻的 14 岁选手"和"日本代表"两个头衔。世界青少年花样滑冰锦标赛可谓是跻身一流运动员的跳板，所有的环境因素都激发着他的动力。

成为世界青少年冠军所面临的挑战

一进入比赛场馆，羽生就模仿起其他顶尖选手的热身练习动作，将它们融入自己的热身练习中。像往常一样，他在冰场外圈滑了几圈，让身体暖和起来，做了拉伸和低强度的体能训练后，他一边冷静地看着自己映在玻璃上的身影，一边在脑中做着跳跃姿势的意象练习。虽然自己之前没有做这样的练习，但为了能在赛前做到心神专注，这不失为一个良策。

即使是在正式比赛当天的清晨，他也是一心想从周围吸收点什么的样子。

在短节目中，他一袭黑衣裹身，配乐为Bolero（出自电影《红磨坊》）。赛前，他流鼻血了，他一激动就容易这样。

接下来是正式比赛。节目开场的阿克塞尔三周跳他完美起跳，但就在那一瞬间，他的稚嫩展现出来了。

在感到"我能行"的瞬间，他欣喜万分，一下子就泄了劲，空中的身体姿态倾斜了。好不容易出色地完成了阿克塞尔三周跳，但落冰时他没能站稳，单手触冰。

羽生的短节目分数为 58.18，排在第 11 位。

"阿部奈奈美教练跟我说过，'跳跃不光是起跳瞬间，还包括落冰，到最后都不能泄劲'……我觉得自己能行，途中就松了口气。"

羽生排在第 11 位，在自由滑中与第 7 位至第 12 位的选手分在一组，也就是说与各国顶尖的青少年选手同组竞技。与倒序出场的短节目相比，他突然置身于高水平的对手之中。

在自由滑比赛前的 6 分钟热身里，他原打算像以往那样起滑，但周围选手的速度让他大惊失色。

"我竭尽全力避让对手。如果是在日本比赛，大家会相互避让，以免撞在一起，但外国选手就会那样直冲过来……我全力避让对手，心里感到很害怕。"

热身时，羽生几乎未能成功地完成一次跳跃，在混乱中迎来了正式比赛。他在节目开场的阿克塞尔三周跳上失误了。

他想起了阿部奈奈美教练对他说过的话："训练是训练，比赛是比赛。要把精力放在每一个动作上。"

他迅速调整，接下来的跳跃一落冰，掌声四起。

当掌声传到少年的耳朵里时，他进入了绝佳状态。

在自由滑的后半段，当他顺利完成擅长的鲍步时，场馆里掌声雷动。他后仰的程度比以往更大，仿佛势不可当。

"我来到世界舞台，向观众展示自己的风格并得到掌声，我感到非常高兴。"

这时，他说出了藏在心底的愿望。

"世界上超过99%的人还不知道我的名字，哪怕能让知道我的人增加1%，我都会为此奋斗。"

羽生的自由滑成绩排在第13位，综合排名为第12位。冠军亚当·里彭和亚军麦克·布杰基纳均成功完成2个阿克塞尔三周跳，表明了本次大赛的竞技水平之高。

"在6分钟的热身中，我没能集中精力，说明自己还有许多不足之处。在明年的比赛中我会吸取这次的经验与教训。丹尼斯·邓虽然只比我大1岁，但他的动作干净漂亮，我特别喜欢。他的速度也很快，真了不起。不管怎样，我想超越他。"

3月1日，比赛结束的第二天，正好是保加利亚庆祝春天来临的传统节日"三月节"。按照保加利亚的民间习俗，人们会互赠用红白丝线编织而成的"三月花"，祝福家人和恋人健康、幸福。

走出酒店，出售"三月花"的摊位比比皆是。街上处处是红白两种色彩，洋溢着喜庆欢腾的气氛，仿佛在为这个尚未领略 99% 的世界的 14 岁少年加油喝彩一般。羽生精挑细选着编织成钥匙链、手链形状的小巧可爱的"三月花"，他买了许多，要作为伴手礼送给中学的同学们。

"作为日本的青少年冠军，我能来这里参赛，首先要感谢父母、奈奈美教练和日本滑冰联盟的各位工作人员，以及周围许许多多的朋友对我的支持，非常感谢他们。我会努力，明年还要参加世界青少年花样滑冰锦标赛。"

向世界青少年花样滑冰冠军之位发起挑战，羽生的首个赛季就这样结束了。他把过于争强好胜的莽撞放在心底，对一路奋战的 10 年花样滑冰生活心怀感激。

要有信心，但不能过于自信

在世界青少年花样滑冰锦标赛上排名第 12 位的羽生决定给自己开"自我反省会"。

这个例行反省会是羽生自孩童时期就坚持了 10 多年的习惯，也是引导他摘得绝对王者桂冠的法宝。

在回日本的航班上，他就开始不断深刻反省和自问自答。懊悔明显地浮现在心头，他恍然大悟。

"我输了比赛就会不甘心。若是不喜欢不甘心，那就意味着训练将变得很重要。不甘心是要跟训练联系在一起的。"

心有不甘变成了刻苦训练的动力。对此深有感触的羽生决定反复对自己说"不甘心""不甘心"。

"训练艰苦的时候，我就会想起世界青少年花样滑冰锦标赛上的遗憾。"

他还分析了自己究竟为何会输掉那场比赛。

"我的不足之处在于心理层面。在少儿组时期，我没有参加过规模这么大的比赛，即使抱着争强好胜的心理也只担心自己的不足之处。这种懊悔是我从少儿组升入青年组才体验到的。看到世界顶尖选手的表现这么厉害，我也长了见识。话虽如此，对于实力不济的自己也仍感到心有不甘。"

的确，不仅仅是技术层面的问题，羽生第一次感到的"胆怯"是他失利的原因之一。在日本的比赛中顺利完成的阿克塞尔三周跳在这次比赛中却出现失误了，他没能发挥出自己的实力。"即便不跳阿克塞尔三周跳，我也是2008年全日本青少年花样滑冰锦标赛的冠军，整体的水平肯定得到了提高。因此，我应该更有信心。但是也不能过于自信，这一点很重要。"

要自信，但不要自负。使用相互矛盾的两个词是羽生自青少年时期以来特有的一面。世界万物，答案不止一个，获胜的战略同样不能固执地坚持下去。本能地意识到这一点的羽生在说出"我应该更有信心"后，还会加上"但是也不要过于自信"，这是他理性的思考。

面对下个赛季，羽生开始专心致志地投入训练，但不是盲目训练。羽生的策略就是通过总结让自己在某一方面成长起来，他运用在世界青少年花样滑冰锦标赛上学到的东西，改变着自己的精神面貌。

进入休赛季，面对媒体的采访，他这样说道："我很珍惜训练的每一天。与其多滑一秒，我更想多成功地完成一个跳跃。因此，若是一个跳跃都没有做好，这样的日子哪怕只有一天，我也会觉得很懊悔。我还会回忆起上次的世界青少年花样滑冰锦标赛。那场比赛改变了我的人生，我打心底里想要变得更强大。"

他摸索着向前，培育着自内心萌生的欲望——自己想成为什么样的人，以及能否成为那样的人。这就是羽生14 岁的春天。

突飞猛进的两年

羽生发下誓愿，绝不浪费在 2009 年世界青少年花样滑冰锦标赛上学到的任何东西，一心一意地投入日复一日的训练中。每天都是家、冰场和学校三点一线的生活。他也不带手机，与世隔绝，少年的心在向着世界进发。

在青年组的第二年，14 岁的羽生在赛场上所向披靡。

他在大奖赛系列赛的青年组中连续两站蝉联冠军，并在大奖赛总决赛的青年组中蟾宫折桂。同时，2009 年 11 月在横滨举行的全日本青少年花样滑冰锦标赛中，他技压群雄，再次拿到了世界青少年花样滑冰锦标赛的入场券。

那个赛季他势头强劲，但之后让他永生难忘、有所收获的则是当年的全日本青少年花样滑冰锦标赛。

羽生在短节目中优美地完成了阿克塞尔三周跳，得到 76.00 分，位居首位。他比排名第二的中村健人高出 11.35 分，几乎已将冠军收入囊中。

于是，与 2009 年世界青少年花样滑冰锦标赛上的懊悔不断做斗争的羽生内心萌发了新的欲望。

"我要在自由滑中做到零失误。我要成功完成 2 个阿克塞尔三周跳。"

在 2009 年 10 月举行的大奖赛分站赛青年组中，羽生已摘得 201.15 的高分，因此他有这样的自信。他想在日本国内的比赛中创造"超过 200 分"的壮举。

然而，借用羽生的话说，那个时期他"过于自信了"。

在节目开场的阿克塞尔三周跳中，羽生单手触冰，他一下子就变得情绪低落，"我无法做到零失误地完成比赛了"。

接下来的后内点冰三周跳和后外结环三周跳都出现了失误，之后在阿克塞尔三周跳落冰时他又摔倒了。7 个跳跃动作，羽生出现了 4 个失误。

他的自由滑得分是 118.15，位居第 2 名。虽然凭借着短节目的分差优势，羽生锁定了差点错失的冠军，但此次自由滑分数尚不及 2008 年全日本青少年花样滑冰锦标赛上的分数。

他自然无法接受退步的自己。虽然斩获金牌，但他在记者会上回答提问时神情庄重。

"我真的非常懊悔。即便阿克塞尔三周跳失误了，我也一直想着要在其他地方弥补回来。今天我本想着要零失误的。明明知道重要的是完成好每一个动作……但因为我总想着要超过 200 分，所以才造成了今天的结果。"

虽然名列榜首，但他一点也不认可自己的表现。

"我看了在我之后出场的中村健人的精彩表演，我认为冠军不应属于我。虽然我拿了金牌，但本届全日本青少年花样滑冰锦标赛的目的，是备战 12 月的大奖赛总决赛的青年组比赛和 2010 年 3 月的世界青少年花样滑冰锦标赛，我从比赛中获得了什么呢？我想我在这个时间节点上体会到了自己的稚嫩。"

把失败视为通往下次比赛的跳板。羽生丝毫没有表现出意志消沉，也没有半分惆怅。

从横滨返回仙台的路上，羽生开始了例行的个人反省会。他思考着经过数周训练状态良好的自己和本次比赛中的自己，思考着两者之间的差距。他还回忆起自己在 2008 年参加全日本青少年花样滑冰锦标赛时的事情。

先是上周的自己和今天的自己，然后是 2008 年的自己和 2009 年的自己。通过仔细地审视自我，他逐渐学会了在比赛时的自我心理调节。

调整好心态的羽生就是最强的。

就这样，他在 2009 年 12 月的大奖赛总决赛青年组比赛上折桂，并在 2010 年 3 月在荷兰海牙举办的世界青少年花样滑冰锦标赛上大放异彩，勇夺桂冠。

在那届世界青少年花样滑冰锦标赛上，羽生结弦和村上佳菜子分获男单和女单冠军，他们的名字铭刻在日本花样滑冰的丰碑上。被无数的闪光灯和笑脸包围着，成为世界王者的羽生继续冷静地分析自己。

"我想快点看到成年组的比赛。"

一个目标实现后，就在那一瞬间，他又注视着下一个目标。

带着那种无休止的欲望，他仅仅花了两年时间，就从青年组升入成年组。

2

登上成年组舞台

15 岁~16 岁

2010—2011

"我不甘心，却又变得开心起来。"

2010年秋天，羽生初次登上花样滑冰成年组的舞台。他的首场比赛是同高桥大辅、无良崇人一起参加的由国际滑冰联合会（以下简称国际滑联）举办的大奖赛日本分站赛。毫无疑问，门票售罄。温哥华冬奥会之后的赛季正是日本花样滑冰的高潮时期。

电视台连续多日播放着大奖赛日本站的宣传片和特别节目。作为青年组的世界王者跻身于成年组的羽生结弦也被各家电视台和报纸视为"日本新一代王者"而广为宣传。

羽生的短节目曲目来自《天鹅湖》中的节选《白色传说》，自由滑曲目来自西班牙作曲家帕布罗·萨拉萨蒂的《流浪者之歌》，无论哪首乐曲都能很好地烘托出他婀娜轻盈的身姿。

大奖赛日本分站赛在名古屋市综合体育馆举行，比男子项目早一天进行的是女子花样滑冰比赛。

为了准备第二天的男子短节目表演，羽生一边休整身体，一边在酒店的电视机前观看女子短节目比赛。

在 3 月与羽生一同获得世界青少年花样滑冰锦标赛冠军的村上佳菜子在这一赛季也升入成年组。作为同辈的伙伴，羽生注视着她的表演。

村上佳菜子身穿黑底有粉色圆点的可爱裙装，在轻快的 *Jumpin' Jack* 旋律中翩翩起舞，神采飞扬。她的"清新能量"获得了一致好评，短节目成绩位居第 2 名，为观众奉献了一场印象深刻的出场秀。

当时浅田真央恰逢更换教练，状态并不稳定，电视台以《新一代女子花样滑冰偶像诞生》为题对村上佳菜子进行了报道，这一天的主角就是村上佳菜子。

对羽生而言，大奖赛日本分站赛是他的成年组首秀，然而男子花样滑冰的王者高桥大辅也参加了这场比赛。原本羽生并没有夺奖牌的压力，但目睹村上佳菜子在冰场上奋力拼搏后，他突然紧张起来。他尽力保持镇定，让自己像往常那样度过这一天。

他在酒店房间里玩起游戏，试图缓解内心的紧张，却辗转反侧，夜不成寐。他10点钟就躺下了，苦恼得一直盯着钟表的秒针。他最后一次看表时已经11点半了。

第二天，短节目比赛开始前。

"跳跃时的重心要向右靠，肩膀不要倾斜。"

羽生一边在脑海里反复回味着这两点注意事项，一边在胸前做了一个画十字的动作。

这是他根据阿部奈奈美教练的建议独创的动作，也是从进入青年组第一年的时候就开始不断重复的动作。它成了羽生集中精神的例行程序。

再次审视自己的内心后，他做出天鹅般的姿势。

节目开场，仿佛通往成年组选手的大门已向他敞开一般，他漂亮地完成了阿克塞尔三周跳。那是个跳跃高、动作流畅、运用了纤细身材的精彩旋转，是轻盈优雅的阿克塞尔三周跳。

羽生就那样情感投入地滑完曲目，成绩排名第五。

"比赛时，我融入了自己的世界。速度尚有不足，但我带着感情滑完了比赛。这是一支有历史感的曲目，下次我会加倍努力，要从内心表达出这种历史感。"

向成年组首个完美的四周跳进发

第二天的自由滑，羽生要首次在比赛中挑战后外点冰四周跳。说实话，他在日常训练中做此动作的成功率还不高。

在平时训练的仙台冰场，羽生属于顶尖选手。周围没有人练习四周跳，目睹四周跳的机会也少之又少。在这种情况下，他仍不断地练习。

高桥大辅、无良崇人等日本顶尖花样滑冰运动员在公开训练中砰砰砰地练习四周跳的情景映入他的眼帘。

与视频上看到的有所不同，呼吸、起跳的时机、冰刀切割冰面的声音、全身如弹簧似的柔韧，一切都能近距离地感受到。

羽生把高桥大辅和无良崇人的形象与自己融合，想象自己滑进跳跃的轨道中是什么样子。反复试验和不断摸索后，他竟忘了自己还没实践过，脑子里想的全是高桥大辅和无良崇人跳跃时的模样。在早晨的公开训练中，他只是无意识地进行意象训练，想象着后外点冰四周跳时如何轻巧落冰。

他切实感受到顶尖选手的四周跳与自己的身体融

为一体。

他在内心欢呼雀跃，翘首期盼傍晚开始的正式比赛。名古屋市综合体育馆内座无虚席，洋溢着热烈的氛围。

正式比赛之前，阿部奈奈美教练也没有多说什么，只是叮嘱他始终要"进入右轴"，羽生没有任何心理负担。

正式比赛中，伴随着《流浪者之歌》强有力的音乐，羽生开场时的四周跳落冰动作干净利落。这个四周跳仿佛多年前就与他的身体融为一体，他做起来是那么轻盈优美。

羽生不禁流露出喜悦之情。

但是，成年组的世界可不是一片坦途。出乎意料的是，为了完成在平时训练中很难跳好的四周跳，羽生的体力消耗得差不多了。因为跳四周跳时需要绷紧肌肉，收紧身体，承受离心力，全身发力。

在节目中间的阿克塞尔三周跳中，尽管他用调整呼吸的方式做到了稳稳落冰，但在那一瞬间，他再也无法做到心神专注了。

随后的勾手三周跳在落冰时出现失误，羽生只转了一周。他呼吸急促，挥汗如雨地完成了最后的舞步。

"跳完四周跳，我的腿酸了，体力也不足，完成阿克塞尔三周跳后就再也无法集中精力了。我的节目原本是要表达出喜、怒、哀、乐，从哀开始，后半段要把快乐和喜悦的情绪爆发出来，但这次只表达出了苦涩。"

肩膀一耸一耸地起伏着，他呼哧呼哧地喘着气，苦笑着说。

"但是，在这种紧张的氛围中，我的后外点冰四周跳完成得超乎想象，后半段也顺利完成了阿克塞尔三周接三周连跳。剩下的就是体力问题。下次比赛我要展现出更精彩的表演，我的目标是登上领奖台。我觉得成年组比赛才代表着日本国家队的水平。成年组比赛的领奖台，才是真正的领奖台。"

这就是羽生的成年组首秀。他的身体吸收了巨大的刺激，并引导他圆满完成了四周跳。映入眼帘的皆是机会，这场比赛成为他奋进成长的起点。

"我不要输，我要当世界冠军"

大奖赛日本分站赛结束后，我们就能看到羽生两只手各握着重 4 千克的哑铃，不断上下楼梯的身影。就这样每天 1 小时，他气喘吁吁，做着爬楼梯训练。

"总之，因为我在日本站的自由滑比赛中体力不够，所以决定要锻炼身体。如果把身体练好，那么跳跃也就稳定了。"

在此之前，为避免体重增加和长出多余的肌肉，羽生没有进行场外体能训练。然而，他现在的身高超过了170厘米，身体也变得结实了。他15岁了，这正是从少年一点点成长为青年的时候，因此决定在这时引入体能训练。

羽生在10月的大奖赛日本分站赛上总成绩排名第四，他对之后11月举行的俄罗斯分站赛的领奖台有清醒的认识。

"在成年组首秀的大奖赛日本分站赛上，我不知道别人是如何评价自己的。但是，我取得了第4名的成绩，离奖牌还有5分左右的差距。我知道自己可以在成年组比拼。接下来，我想登上俄罗斯站分站赛的领奖台。"

11月，羽生抵达了大奖赛俄罗斯分站赛举办地的莫斯科多功能冰场——梅加体育场。位于莫斯科郊外的梅加体育场外形像个蒜臼子，四周是红、蓝、黄的彩色观众席。看到观众席的颜色如此花哨耀眼，他自然而然就有来到外国参加比赛的感觉。

羽生一心想着要站上领奖台，公开训练一开始，他就不由得关注起周围选手的表现来。报名参赛的选手都是清一色能轻松完成四周跳的人。在大奖赛日本分站赛上，羽生是怀着挑战者的心态，专心致志地学习高桥大辅和无良崇人的动作。然而，这是他人生中第二次在比赛中挑战四周跳。这时他对身边的选手已产生竞争心理，开始留意起他人的表现。

羽生没有跳四周跳，零失误地完成了短节目表演，得到了70.24分，位居第6名。获得第6名意味着自由滑时他将与前5名选手一道在最后一组出场。

在自由滑比赛中，他关注着其他选手的四周跳。当然，过分在意他人的表现就意味着自己无法聚精会神。在心不在焉的状态下还想完成好四周跳，可不是那么轻而易举的事。

节目开场，他在后外点冰四周跳的起跳中有些心浮气躁，一使劲，结果深度不足，腾空而起的瞬间，他的反应迟钝了。

仅仅是零点几秒的延迟。他慌忙收紧身体形成纵轴，然而旋转整整三周后就落冰了。为时已晚，他彻底地错过了时机。虽然预想过会只转一周或摔倒在地，但这个失误完全在他的意料之外。

随后，在做节目中间的步法之前他又滑倒了，整个表演缺乏稳定性。

分数仅为 132.42，比想象的还要低。看到这个分数就会明白，一定是有意料之外的违规。

大赛明确规定"同样的三周跳重复只限两种情形（不同的跳跃）"。羽生在自由滑后半段的勾手三周接后外点冰两周连跳因"违反过多跳跃的规定"得零分。这个失误导致大约 8 分的扣分。发生这样的事情是头一遭。

在等待区，羽生颓丧地沉下双肩，阿部奈奈美教练说道："今后在跳三周跳的时候，先做一下模拟练习吧。"羽生一言不发，点了点头。

然而，面对记者采访，羽生心里的悔意又涌上来。

他脱口而出："我一直想着要跳好四周跳。哪怕摔倒，哪怕拼上生命，我也一定要完成好四周跳。因此我不想去考虑三周跳，也没有做模拟练习，我不想在心中承认这一点。"

这就是羽生的魄力。如果是普通选手，在比赛中很有可能出现四周跳变成三周跳的"些微胆怯"之举。因此他们必定会设想如果自己失误了，如何挽救后半段的三周跳，便提前做模拟练习。但是，羽生认为如果有"些微胆怯"的设想，那比赛就注定彻底输了。

"与其说后悔没提前做模拟练习，不如说我更懊恼没有完成好四周跳。我感觉自己像好多年没跳后外点冰三周跳了。这种感觉好消沉啊。"

无论如何，羽生也不会单纯地说"我会好好反省，下次周数不足的情况下会提前做模拟练习"这样的话。假定自己会变得软弱的策略就等同于退步，会让人无法跨越前进的障碍。

"在我心中有许许多多要跨越的障碍。最后的障碍是陈伟群、高桥大辅前辈等选手，然而首个巨大的障碍就是成功完成四周跳。我在上个月的大奖赛日本分站赛上跨越了这个障碍，因此我信心满满，有些自负了。我过于深信自己能跳好四周跳。说到底，大奖赛日本分站赛还是国内水平的比赛，在国外比赛的经验非常重要。我再懊恼后悔也无济于事，因为我不能改变过去。但是四周跳还是很有意思的。我想正因为它难，所以才有乐趣。今后我会每天练习四周跳。"

他斩钉截铁地说道。这个赛季，他刚刚开始挑战四周跳。"自信变成了自负"本身就说明了他在快速地进步。

"接下来是全日本花样滑冰锦标赛。我绝不会再滑成这样。名次什么的无所谓，我首先要考虑的是把精神集中在自己身上，提升四周跳的精准度，提升体能。我还有很多事情要做。虽然在这次比赛之中有些不甘心，但我还是挺开心的。我会在短期内全部完成这些挑战，在下次比赛中展示给大家。"

羽生一边接受记者采访，一边通过大屏幕查看最终的比赛成绩。结果发现，2010 年世界青少年花样滑冰锦标赛的季军卡钦斯基名列第六。

"啊，2010 年的世界青少年花样滑冰锦标赛冠军竟然输给了季军选手。我无法原谅自己输给曾经战胜过的人。现在，这样的我可不行。我一想到这里就对自己生起气来。不过如此一来，我有了对手，也会变得更强大，以后也得在短节目里把四周跳加进去。感觉花样滑冰已进入竞争白热化的时代了，我好久都没有如此懊悔了。"

对他来说，与上个赛季在全日本青少年花样滑冰锦标赛上蝉联冠军相比，高手如林的成年组更让他感到刺激。

"什么青年组冠军，我不在乎了。今非昔比，这不是青年组的比赛了。我不要输，我要当世界冠军！明明在

10月的大奖赛日本分站赛上就觉得自己不能再带着青年组时期的心情参赛，但无疑我还保留着一些，我感受到了这一点。我想早点回到日本开始训练，表演滑不看也罢。这里的训练冰场还可以，我想先在这儿练习基础滑行和自由滑配乐训练。我的心绪早就飘到了未来。"

他飞快地吐露内心所想，掷地有声。坐立不安的他在观众席上不断拍打着自己的腿。

"我心有不甘，却又变得开心起来"

与命运中的劲敌狭路相逢，真的只在转瞬之间。

对羽生这样因周围选手的刺激而不断成长的选手来说，优秀的竞争对手通常决定着他将来的走向。那时的劲敌越强大，他就越会加速突破壁垒。

在少儿组时期，也就是从小学阶段开始，许多外国选手被羽生视为竞争对手。其中，在2009年世界青少年花样滑冰锦标赛上与丹尼斯·邓相遇之时，羽生就立刻被他吸引了。在公开训练中，羽生注意到了他滑行的迥异之处。

丹尼斯·邓就是之后在 2014 年索契冬奥会上摘得男子花样滑冰铜牌的运动员。羽生当时就看出了他的才能。

"他滑行的样子太完美了。速度快，冰刃使用正确，身体线条优美。我跟他只差一岁，我想超越他。"羽生说道。他在比赛中一直关注着丹尼斯·邓的表现。

同时，羽生还注意到即便没有表演阿克塞尔三周跳也捧得铜牌的选手——阿蒂姆·格里戈利耶夫，他在赛场上坦承了自己的想法。

"我自己也经历过因跳不好阿克塞尔三周跳而苦闷的时候，所以我很理解他的心情。但是，即便没有阿克塞尔三周跳，他的表演也令人印象最为深刻。我也想成为像他那样的选手，让观众百看不厌。"

然而刚回到日本，羽生就勇敢地说道："青年组里没有我的目标选手。"

"冠军选手亚当·里彭和亚军选手米哈尔·布热齐纳都不是我的目标，但我想先赢了他们。"

事实上，羽生在下个赛季（2011 年）的世界青少年花样滑冰锦标赛上力拔头筹，备受世人青睐，风风光光地升入成年组。他的言论在当时被认为是初生牛犊不怕虎，现在看来则是脚踏实地的目标。

升入成年组后，他的目标又发生了改变。当他被问到青少年时代仰慕的普鲁申科和约翰尼·威尔时，他这样说道："现在我已经不崇拜他们了，只是觉得他们是杰出的运动员。但仍有很多人想要模仿他们，因为普鲁申科是英雄，而约翰尼·威尔是偶像。"

羽生因劲敌的刺激而不断成长，他需要在成年组中找到明确的目标。

"虽然我现在还不是他们的对手，但是总有一天我会超越他们，成为他们真正的竞争对手。"就在2010年11月19日，在莫斯科举行的俄罗斯分站赛上，他遇见了自己的劲敌。

短节目成绩位居第6名的羽生在自由滑的公开练习中，与前15名选手分在同一组，陈伟群就在其中。

虽然知道陈伟群的滑行技术被誉为"世界第一"，但现场目睹他的风采，并与之同场练习，对羽生来说还是人生第一次。

羽生坐立不安，在早晨的公开训练中无法集中精神练习四周跳，在冰场上一直尾随着陈伟群。羽生跟在他的身后，细细观察他在什么样的时间节点上以何种角度倾斜冰刃，又是如何加速的。

羽生结弦：王者之路

总之，羽生竭尽全力地跟在陈伟群的身后滑行。他的冰刃倾斜角度如此之深，看上去人马上就要摔倒，而陈伟群以飞快的速度完成了一个精彩绝伦的后外点冰四周跳，真是绝妙至极。

　　"陈伟群的厉害之处在于把滑行的优美动人原汁原味地体现在节目里。又压冰面，又有速度。如果不这样滑就无法得高分啊。这次比赛中能见识到高手，真好啊。我照这样子滑，得到像他那样的表演分，名次就一定会上升，我看得明明白白。"

　　结果，羽生因过于关注陈伟群，无法将精神集中在自己身上，同时也因其他选手而分心，在俄罗斯分站赛上名列第七。

　　但是，他切实学到了比名次更为重要的东西。

　　"这次来参加成年组的比赛，真的太好了。我很开心。我因为自己表现不佳而心有不甘，（但遇见了我的竞争对手）又心花怒放。我要变得强大，还需要在很多方面努力。但我深刻懂得了如果照那样滑，我就会变得更强，拿到高分。总之，我觉得自己可以变得更强。"

　　羽生这次并没有受邀参加表演滑。

　　因为第二天早上有采访，所以赶到会场的羽生目睹了陈伟群等选手练习表演滑的情景。

"我无法不关注陈伟群。无论如何，我都会看到优秀的选手。即使从冰场外面看，也依然会被他吸引。在一起训练时，我就感受到了他的气质。即便在训练中，我都觉得自己必须得避开他，有种'世界顶级选手滑过来了，我必须回避一下'的感觉。我好想让陈伟群背着我滑啊！如果像冰舞那样组队滑冰的话，我肯定会跌倒在地的。"

言语间听上去有几分谦虚，但随后羽生提高声调说道："如果我能战胜世界顶尖选手，那我就站在世界之巅了。我无法做到不盯着他看。虽然现在我还只能避让，但就因为这个'还'字，我的心情颇为愉快。"

无论是竞争的对手还是仰慕的选手，都是他总有一天会跨越的壁垒。他眼神坚定，没有一丝怀疑。

他在脑海里大概想象着壁垒林立的最前方所展现的一望无际的风景。

"这么说来，我还是第一次来到俄罗斯。这里的每一栋建筑物都气势恢宏，很有存在感。3 年半后，这里将举办冬奥会。既然来到了这里，我就很想参加索契冬奥会。

对，我还要参加索契冬奥会。"

这就是羽生在俄罗斯的首场比赛。在那里，他感受到了竞争对手的气息。他把心愿寄托于 3 年半后举行的索契冬奥会，转身离开了冰场。

3

在东日本大地震
的日子里

16 岁

2011

> "我不是灾民代表,
> 而是日本花样滑冰运动员。"

"3·11" 东日本大地震的冲击

升入成年组的第一年，一切都让羽生获得成长。2010年12月，16岁的羽生在全日本花样滑冰锦标赛中奋力拼搏，获得了第4名。

2011年2月，羽生被选定参加在中国台北举行的四大洲花样滑冰锦标赛，他出色地完成了后外点冰四周跳。尽管是首次参加该比赛，但他勇夺亚军。随着赛事结束，羽生如梦境般表现抢眼的成年组首个赛季也画上了句点，他诉说起自己的宏图大志。

"总之，我很想参加2014年的索契冬奥会。我想感受冬奥会的氛围，可能初次参加冬奥会，在某种程度上我也会感到紧张，但感受着'我参加了冬奥会'的氛围，我一定会下定决心奋力一搏。而且，等到2018年平昌冬奥会的时候，我就23岁了，也有了年龄所带来的成熟味道，正是出成绩的最佳年龄。我想在平昌冬奥会上拿金牌。"

从言谈中可以看出，羽生因未来充满的无限可能性而心潮澎湃。

面对下个赛季，一心想要投入训练的羽生却因为自己在成年组首个赛季的精彩表现而兴奋不已，无法静下心来训练。

"就像得了职业倦怠综合征似的。在2010年10月的大奖赛日本分站赛上表演后外点冰四周跳时稳稳落冰之后，我终于在2011年2月的四大洲花样滑冰锦标赛上再次成功完成了这个动作。因此我怀着'暂时不练习也没关系'这样轻松的想法。就算训练状态不好，我也没怎么放在心上。"

四大洲花样滑冰锦标赛结束后，羽生还面临着高中的期末考试，因此转换到训练状态时已到了3月。在3月10日的训练中，无论是后外点冰四周跳还是阿克塞尔三周跳，他的跳跃质量终于有了起色。

正在训练的时候，在3月11日当地时间下午2点46

分，日本东北部发生了里氏 9.0 级地震。羽生所在的仙台市泉 DOSC 滑冰场地震烈度超过 6 级。那里原本是一片稻田，地基松软，因此震感更为强烈，地面晃动得甚至让人无法站立。

冰场的冰面变得起伏不平，最初羽生并没有意识到发生地震了。

正在训练的他来不及脱下冰鞋，赶紧去室外避难。虽说离开冰面时，给冰鞋套上冰刀套以防止刀刃损坏是基本常识，但当时连区区数秒的反应时间都没有。脱冰鞋需要花费时间，羽生当时甚至没有多余时间换上普通鞋子。

在冰场打零工的姐姐正好走在回家的路上，妈妈在家，爸爸因工作去了郊区。

姐姐最先担心的是弟弟的安危，一路狂奔返回冰场。确认弟弟安全后，姐姐又飞奔回家，和妈妈一起赶回冰场。地震发生后不到一小时，三位家人就团聚了。

"正由于姐姐处事最为沉着冷静，因此确认家人的安危后，我们三人立刻聚在了一起。"

然而，磨难才刚刚开始。

断水、断电、断气，无法预测何时才能恢复基本生活。超市不再开门营业，因此人们无法采购到食品；加油站没有汽油，所有的电车也都停止运营了。甚至连活下去都已不是理所应当的事了。羽生一家栖身在作为灾民安置点的当地小学体育馆里。他们在那里只能听着收音机，了解身边的状况。

比仙台灾情更为严重的地方的新闻源源不断地传入耳中，明天究竟会发生什么，他们完全不知道。浮现在脑海里的只有"仅是活下去就已经筋疲力尽"。一连多日，羽生都想着"如果继续这样，只能放弃花样滑冰了"。

诚然，就连何时何地能重启训练都无从考虑。而且，仙台冰场能否恢复营业尚遥不可及。阿部奈奈美教练忙于确认每一位学生的安危，无论羽生在同门中是多么拔尖的花样滑冰选手，眼下也不是独享宠爱的时候。

就在这时，羽生联系上了幼儿时期指导他的都筑章一郎教练。

那时都筑教练已离开仙台，正在横滨的神奈川滑冰场执教，他说可以暂时安排羽生在那里训练。

于是，震后第 9 天，即 3 月 20 日，羽生怀着终于可以重启训练的心情，只身一人带着刀刃受损的冰鞋前往神奈川。

"原本抵达当日就想开始训练，没想到一去，磨冰车就坏了。我还在想，这究竟是怎么了。"

磨冰车大约每两个小时就要把冰面整到平滑。就是它出了故障。

地震时羽生所穿的冰鞋在避难时受损严重，仅靠打磨已不能恢复原状。他不仅身心俱疲，而且装备都严重损坏。尽管如此，时隔9日，他还是站在了冰面上。

"重启训练的第一天肯定会跳不好吧"，羽生怀着这样的想法，但他毕竟从4岁开始练习滑冰，身体给出了反应。虽然他在做后外结环一周跳时摔倒了，但让周围人大跌眼镜的是，他在做阿克塞尔三周跳时稳稳落冰。他只是一味地感谢帮助他的人们，感谢冰面。

为了灾区，也为了自己，60次冰演

尽管羽生在匆忙间恢复了训练，但神奈川滑冰场并不能成为他的新训练基地。因为现有的俱乐部会员已满员，申请入会需要等待数月之久。然而，关东地区其他冰场也因地震停业，一时间许多花样滑冰运动员都在寻找新的训练场所。

纵然羽生通过早晚各包场 1 小时的方式开展训练，但那不过是应急措施罢了，并不能让他沉下心来投入训练。

自救者，人恒救之。在日本各地举行冰演的机构呼吁为花样滑冰运动员多提供一些滑冰场所。倘若参加冰演，就可以利用幕间休息时间进行训练。不久，4 月 9 日在神户举办的慈善冰演拉开了帷幕。

羽生在冰演中表演了许多曲目，他将个人首个成年组赛季的《天鹅湖》作为最新会演版呈现给观众。

"我表演了许多曲目，其中最多的就是《天鹅湖》。从最初的痛苦挣扎到张开双翼，再到最后启程向前。这分明就是我当下的心境，或者说很适合眼下的我，内心的情感与节目实现了完美融合。我想正因为在地震中品味到了艰辛，才有《天鹅湖》这样精彩的表演。"

在持续到 9 月的冰演之中，羽生共参加了大约 60 场演出。

"虽说是冰演，但也算正式演出，因此我不能松劲儿，跳跃也要一个不落地全部完成。倘若只是自己训练，总容易产生逃避心理，但在正式演出的舞台上，我既完成了训练，体能也得到了提升。尽管心理上很痛苦，但从结果来看，我在这个休赛季很好地完成了训练，冰演对我来说也成为一种强化训练的新方法。"

即使身处震灾的不利环境，羽生也能积极思考，承受一切。那个时期，全体日本国民都置身于破坏与重建之间，一切都混乱无序。作为人的坚韧正在他的心中萌芽。

是花样滑冰运动员，也是仙台人

从身体和技术上来看，羽生利用冰演的训练环境，稳步推进着新赛季的准备工作，但心理建设可不是那么轻而易举的事。

毕竟，在冰演和媒体报道中，羽生都被描述为"在仙台遭受震灾时饱尝艰辛的花样滑冰运动员"，还有媒体请他作为地震灾民发表相关评论。

"虽然仙台市的冰场都停业了，但我很想让大家看到我努力的样子。尽管经受了地震创伤，但如果让观众看到我如此拼搏、全力以赴的样子，我就会备感欣慰。"

这是优等生式的回答。事实上，正因为自己是土生土长的仙台市民，所以羽生对言论变得敏感起来，察觉到自己的话中有几分不和谐感。

3 月 11 日东日本大地震发生后，仅是仙台周边，一切变得千疮百孔，满目疮痍。

仙台市区受海啸侵袭最为严重的当属仙台机场（岩沼市）附近的沿海地区，有"东北湘南"之称的海水浴和冲浪胜地"荒滨"（仙台市若林区）、名取市闲上，还有位于南部的仙台机场都惨遭重创。浪高达 8 米的海啸侵袭了这座城市，除中小学外，几乎所有的建筑都被巨浪卷走，消失得无影无踪。距离海岸 2.5 公里的高速公路——仙台东部道路——变成了防波堤，高速公路东侧的地区全部被海啸吞没，西侧则幸免于难。

位于仙台站以南 14 公里，处在沿海地区的仙台机场被汹涌的波涛淹没，约 1 600 人在三层航站大楼的顶层等待救援。小型飞机、直升机等数十架飞机被海浪冲到了周边区域。

尽管如此，当地政府还是第一时间修复了作为机场生命线的客机的起降功能，4 月 13 日，仙台机场恢复了部分航线。因此，羽生去远处参加冰演时就可以乘坐飞机了。

家住仙台市中心的羽生前往仙台机场时，需要从仙台东部道路的"仙台机场口"驶出，沿着笔直通往海边的公路行驶。

有一次羽生乘坐家人驾驶的私家车赶往仙台机场，眼前的景象简直令他不敢相信。

"按理说是看不见大海的，可我看见了……大海。"

那里曾经有一片住宅区，一直延伸到 2.5 公里外的海岸线。然而，那里现在一栋建筑物也没有，展现在眼前的是一大片海底淤泥，前方涌动着黑黝黝的海浪，视野两侧满是断壁残垣，零碎的物品堆积成一片片废墟，显得破败不堪。

眼前真实的场景带给人的震撼远远超过在报纸上读到的"残酷的伤痕""受灾严重"等文字。

羽生自身并没有受到海啸的影响。但是，正因为切身感受到仙台市灾情严重，他再次认真思考了作为花样滑冰选手的自己应该做点什么：用自己的表现来激励灾民重建生活？真的这么简单吗？

正因为深知灾区的惨烈景象，所以"用我的表演让大家重新燃起对生活的希望"这样的话听起来是那么空洞。

"没有人能完全了解灾情的严重性。谁也不知道我的表演对灾区而言是否有好处。即便说什么展现出自己努力拼搏的样子来激励灾民重建生活之类的话，那也是自不量力。那么，为灾区做一些具体的志愿者活动呢？也不行。作为花样滑冰选手的羽生结弦，该做的事又是什么呢……"

一方面，是作为灾民代表，作为一个仙台人的感受；另一方面，作为花样滑冰选手，羽生迎来了晋升成年组第二年这一重要时期。羽生站在两个立场中间，心绪不定。

正因为目睹了严重的灾情，羽生才深切地感受到自己无法在具体的事上为灾区提供帮助。他从"为了灾区"这样空洞的言辞中走了出来，让精神状态回归到要做一名纯粹的花样滑冰选手。

"我还是要作为一名花样滑冰选手参加比赛。也许我是一位灾民代表，但国家派我参加比赛并不是因为我来自灾区，而是因为我是经过选拔脱颖而出的花样滑冰选手。虽然我不会忘记自己出身仙台并以此为傲，但我一定要做到不被'灾民'这个词捆绑。作为一名花样滑冰选手，我必须刻苦训练。因为我不是灾民代表，而是日本花样滑冰运动员。"

他在心中反复思索着这些话。

休赛季过半时，羽生开始办理2011—2012赛季的行政手续。在受地震、海啸影响失去主冰场，辗转于日本各地进行冰演的日子里，羽生被确定为下个赛季的特别强化选手。在决定参赛之际，他渐渐地将目光转向身为花样滑冰选手的现实。

到了夏天，羽生收到了新赛季的"日本花样滑冰运动衫"。在白底的运动衫上，金色和黑色线条飞舞其间，背面赫然印着用红色字体书写的"JAPAN"（日本）。一拿到这件运动衫，一股喜悦之情在他身上蔓延开来。

"啊，我又能作为日本代表参加比赛了……正因为经历了因受灾不知能否继续滑冰的日子，所以这次还能代表国家去参加花样滑冰比赛，我真的是太高兴了。"

读小学四年级时，羽生首次出国参加比赛是去芬兰，那时的他收到"日本花样滑冰运动衫"，心想自己终于成为国家队的一名队员。现在的喜悦与那时别无二致。

我究竟是一名灾民，还是一名花样滑冰运动员？对于被迫处于反复内心纠葛之中的羽生而言，这种感觉让他回忆起了初心。

那个 4 岁开始接触滑冰，跟在姐姐身后的小男孩；在从家步行就可到达"KONAMI 体育俱乐部"（位于仙台北部，原泉 DOSC 滑冰场）训练；训练期间，很快就在当地声名鹊起；师从培养出日本首位世界花样滑冰锦标赛奖牌获得者佐野稔的都筑章一郎教练，他很快施展出自己的才华。

都筑是一位以训练量著称的中年教练，羽生会在晨练后再去学校上课，放学后紧接着上个人滑冰课，晚上再接着训练。他每天过着冰场、学校两点一线的生活。

小学四年级时，羽生掌握了如何自如地滑行，花样滑冰的整体得分都得以提高。之后，羽生在全日本花样滑冰少儿组比赛中勇夺桂冠，在芬兰举行的国际花样滑冰少儿组比赛中也捧得金牌。

"那个时候，我觉得训练很重要。我有信心，只要刻苦训练，就能在比赛中发挥出实力。从那时起，我就喜欢训练了。（笑）那时我就觉得必须做到享受花样滑冰。"

羽生再次回忆起可以尽情训练，参加心爱比赛的日子，在内心深处享受那一切的情景。

因为想赢，所以给自己制造压力

此时的羽生既是一名灾民，也是一名花样滑冰运动员。尽管羽生一点点重新担负起身为花样滑冰运动员的责任，但他仍不断接到媒体采访，请他作为一名灾民发表评论。

2011 年 8 月的某一天，羽生在接受媒体采访时终于有机会吐露心声。他总结、分析了心中所想，再次梳理了自己的心里话。

"我属于自由散漫，但遇事又容易慌张、我行我素的 B 型性格，因此当别人跟我说'要加油呀'，我就会兴奋起来，心想要好好努力，因为我想得到大家的夸奖。不是我不能辜负大家的期待，而是我绝不会辜负这份期待；不是我战胜压力或输给压力，而是我在脑海里不让自己感受到过多压力，我把它们转换成了积极思考。不可否认，我很多次都曾被压力击垮，因此无论背负多少压力，把它们转换成前行的动力就好。"

同时，通过冰演，羽生有机会见到许多选手，可以和他们就困惑的事情聊聊天。若是往年的休赛季，羽生只能见到教练和地方冰场的同伴。然而，因为接连参加冰演，羽生也经常会碰到顶尖选手和媒体记者。每个人都牵挂着来自灾区的羽生，因此有人跟他打招呼时说"仅是能参加比赛，你就已经很棒了"。但对羽生而言，这句话却不能化作一丝动力。

"的确，倘若考虑到灾区，我希望大家看到我朝气蓬勃的样子，希望大家开心。再加上，赛前总有人问我对家乡的感情。但是，既然我选择参加比赛就要担负起参加比赛的责任，因为这是竞技体育的世界。因为我是花样滑冰选手，所以必须以花样滑冰选手的身份参加比赛。比赛时，我会心无旁骛；在赛后的冰场致辞或者坐在等分席的时候，我可以抒发对家乡的感情。我全力以赴，发挥出实力，取得好成绩，大家看了都会开心。所以，我就必须以作为花样滑冰选手的自己为第一考虑视角。我的家乡遭受地震、海啸袭击，我也思虑良久，反倒是作为花样滑冰选手的心绪凸显起来。曾经漫不经心、感觉理所当然的花样滑冰选手角色，现如今这个角色（对我来说）变得越来越清晰。"

羽生直抒胸臆，不禁觉得心中畅快。

历经漫长的内心冲突，他终于下定决心。

"正因为现在媒体云集，也因为我备受关注，所以我才觉得自己作为运动员，必须说出'我想拿冠军'的心声。说出'我想拿冠军'这句话，也是在给自己制造压力。如果输了比赛，我就会觉得很尴尬，因此我会加倍努力。说出豪言壮语，然后全力以赴，这就是我的方法。不是媒体逼我说的，而是我自己要说出来的，告诉自己'必须要有这样的想法'。接受电视媒体采访时，有时我也会大脑一片空白，那时脱口而出的话才是内心所想。虽然语言没有什么内在的魔力，但它会在心底留下痕迹。这样的话，我自然会觉得一定要试着去做。如果只是想想而已，我们的大脑还是会遗忘，但倘若说出来，虽然输掉比赛时会尝到屈辱的滋味，但如果目标实现，那种喜悦之情又会（与之前的）迥然不同。若不能凭借这样的动力前行，目标一定会落空吧？"

终于到了 10 月，新赛季将至。羽生把灾民的身份放在心底，以一名勇猛战士的形象出现在记者招待会上。

"我来自灾区的事实没有改变。但是，我不会在意这件事。既然来参加比赛，我就会以花样滑冰运动员的身份好好比赛。身为日本花样滑冰运动员，我要体现出自己的责任感。无论如何，我会把自己的实力放在最优先考虑的位置。如果观众看我的表演觉得开心，让我加油努力，那是最好不过了。因此我还是会把拿冠军的目标放在首位。"

为了说出自己原本的动力，即"我想拿冠军"的愿望，16 岁的少年花费了些许时间。羽生试图找回那个在东日本大地震中差点失去的、身为运动员的要强的自我，他比以往更加正视自己的内心，努力只注视着坚强的那部分。

于是，新赛季开启之际，那个"火力全开"的羽生结弦回归了。

4

震后一年的磨炼

16 岁~17 岁

2011—2012

"我一定要拿到冠军。"
"为了赢得胜利，我会付出所有努力。"

"我一定要拿到俄罗斯分站赛的冠军"

在 2011—2012 赛季开启之时，羽生战胜了震后内心的纠葛，怀着"对胜利的强烈渴望"，说出了新赛季的雄心壮志。

"首先，我想参加今年的世界花样滑冰锦标赛。大奖赛分站赛积分前 6 名的选手才能跻身大奖赛总决赛，虽然我不知道自己将表现如何，但参加大奖赛总决赛和世界花样滑冰锦标赛与备战 3 年后的索契冬奥会息息相关。倘若不能跨越这个障碍，就会无缘于索契冬奥会。"

2011—2012 赛季，羽生的具体目标不仅是把四周跳加入自由滑中，还要加入短节目中。事实上，羽生的四周跳发挥得尚不稳定，仅在 2010 年大奖赛日本分站赛和 2011 年四大洲花样滑冰锦标赛中成功完成过两次。然而，展望世界花样滑冰男单的发展趋势，就会发现在自由滑中仅有一个四周跳已远没有竞争力。

"为了提高难度，我把四周跳也加到了短节目里。总而言之，我会重视节目的流畅性。首先，我的目标是挺进大奖赛总决赛。"

震后赛季，羽生的短节目曲目选自亚历山大·斯克里亚宾的钢琴练习曲《悲怆》，自由滑曲目选了电影《罗密欧与朱丽叶》的主题曲。

羽生参加的首场大奖赛系列赛是 2011 年 11 月在上海举办的中国分站赛，他首次在短节目里加入四周跳。再加上这是他在震后参加的首场大奖赛分站赛，因此斗志格外高昂。全心扑在比赛上的羽生在中国分站赛上绽放出耀人光彩。他在短节目中首次出色完成了四周跳，获得 81.37 分，暂居第二。

然而，此刻的他却迟疑了。

要参加大奖赛总决赛，需参加两场分站赛（共 6 场），且分站赛单项积分必须进入前 6 名。虽然也要看其他选手的发挥情况，但在两场分站赛上分别获得"第 1 名和第 4

名"或"第2名和第2名"大体是晋升总决赛的基准线。如果羽生此次在中国分站赛上获得第2名，可以预想在下一场分站赛上的比赛压力就会减轻很多。

眼下这块银牌，他可谓是胜券在握。

自由滑开始了。羽生开场的后外点冰四周跳和阿克塞尔三周跳均漂亮完成。只要四周跳成功了，阿克塞尔三周跳无疑是信手拈来。正因为如此，在节目后半段他才敢于拿出自己的看家本领——阿克塞尔三周接后外点冰三周连跳。

节目后半段的这个阿克塞尔三周跳，羽生势在必得，结果却令人始料未及。他勉强单脚落冰，整个动作已没有了气势。虽然体力快耗尽，但他仍有信心。他没有把连跳减为二周跳，而是一心挑战后外点冰三周跳，结果他摔倒了。

这个跌倒让他的精力和体力都消耗殆尽，接下来的勾手三周跳也失误了，最后的跳跃只完成了两周。

表演结束的那一瞬间，他满脸苦笑。

"明明对阿克塞尔三周跳信心满满……"

冰面上的他颓然地沉下双肩。

羽生在等分席看到自己的自由滑成绩排在第4名，名次下滑，综合排名暂时位列第 4 名。最后出场的是短节目成绩位居首位的加钦斯基，因此羽生想着自己可能会下滑至第 5 名。面对记者采访，羽生接连说出多个"不甘心"。看上去，他对自己挺进大奖赛总决赛几乎不抱什么希望了。

然而，没抱任何希望的羽生看到最终成绩排名时，发现自己竟然是第 4 名。原来，最后出场的加钦斯基更是失误连连，最终位列第 5 名。

"如果我能在下次的俄罗斯分站赛上拿到冠军，就能闯入大奖赛总决赛。很简单，拿到金牌就可以了。"

但在大奖赛的分站赛上摘得桂冠可不是那么轻而易举的事。自羽生升入大奖赛成年组，上个赛季的成绩是第 4 名和第 7 名，这个赛季在中国分站赛上是第 4 名。但是，他已经培养出了一颗直来直去、坚强无比的心，可以用"单纯"二字来形容。

他点燃了参加大奖赛总决赛的全部渴望，已完全开启战斗模式。

他向媒体记者宣布："我一定、一定要拿到俄罗斯分站赛的冠军。为了赢得胜利，我会付出所有努力。"

"越是不甘心，就越会有收获"

从上海回到日本的羽生在俄罗斯分站赛开幕前的两周时间里，埋头分析自己失利的原因。按照惯例，他给自己开了个人反省会。虽然他在中国分站赛上位列第 4 名，不免有些心灰意冷，但仔细分析得分就会发现，总分 226.53 分，其实也还说得过去。他与季军只相差 0.22 分，与亚军相差 0.58 分，比冠军落后 1.96 分，与前几名选手可谓是旗鼓相当，处于伯仲之间。

"我太不甘心了。如果我在后半段的阿克塞尔三周跳之后做到零失误，结果就会大不相同。我深知自己快没体力了，但是，哪怕是最后一个跳跃也应凭着一口气完成。哎，我与奖牌失之交臂。"

羽生意识到，倘若在节目后半段沉下心来，自己完全可以扭转战局，小小的失误就可以决定比赛的胜负。想到这儿，他越发心有不甘。

"我一定要完成阿克塞尔三周跳"的心劲，在平时会提升羽生的发挥。充满自信且争强好胜是他的优点，然而，一旦摔倒就会"过于懊悔而缺乏冷静"也是他的缺点。

欲望和冷静，二者缺其一便无法取胜。那一瞬间，羽生领悟到在心里平衡好这截然相反的两者是多么困难。

"在最后时刻，体力、技术和心理都很重要。仅靠完成四周跳并不能夺冠，鲁莽行事也万万不可，必须全神贯注、沉着冷静，直到比赛最后一刻。我真的是心有不甘，但越是不甘心，就越会有收获。"

羽生在每天的训练中，一直都跟自己重复着同样的话。

"我不是要战胜别人，而是要战胜那个在中国分站赛上心理素质差的自己。我要比那天的自己更强大。"

同时，上个赛季俄罗斯分站赛的情景又浮现在眼前。那时羽生遇见了自己的劲敌——世界冠军陈伟群，他如痴如醉地观看陈伟群训练，结果因注意力分散，只拿了第7名。

去年的这个时候，观看陈伟群训练也是自己的收获之一，但在以追逐冠军为目标的本赛季，不是关注他人的时候。

"2010年，我特别想在俄罗斯分站赛上提升自己。但是，那样盯着其他选手的我可不行啊。在比赛中向劲敌学习固然是件好事，但赛后回头效法就行。在公开练习中，我没能把心思放在自己身上，根本就没有夺冠的节奏。好，我在今年的俄罗斯分站赛上要做到心神专注。总之，从训练到比赛，重要的是把全部精力放在自己身上。"

确定好了自己的心理目标，他的心自然就平静下来了。

"无论是竞争意识高涨，还是中途有所失误，都要聚精会神，直到比赛结束。"让多种精神共存，才是成年组的战斗方式，羽生即将推开通往新世界的大门。

以 0.03 分的优势首次获得大奖赛分站赛冠军

时隔一年，羽生再次来到位于莫斯科的多功能冰场梅加体育场。他一心想展现出自己在这一年的成长进步，内心很平静。

在短节目中，羽生开场的后外点冰四周跳落冰时步法滑出，不慎用手触冰。然而，他没有丝毫动摇。

他全神贯注于每一个动作，之后的跳跃都完成得干净利落，空中转体身姿优美，步法矫健有力。

羽生的所有旋转和步法都得到了 4 级的最高评价，获得 82.78 分，暂居第二。即便四周跳失误了，此次得分也超过了在中国分站赛的得分。

第二天的自由滑比赛中，他依旧做到了心无旁骛。

虽然节目开场的四周跳出现了失误，但余下的 7 个跳跃均顺利完成。然而，他在表演中途改变跳跃内容可谓是开辟了新境界。

"勾手三周跳落冰时，感觉欠佳，因此我决定放弃连跳""后外结环三周跳之后，接二周跳"，凭借冷静的思考，羽生成功扭转了比赛的转折点。

另一边，短节目成绩高居榜首的杰里米·亚伯特在自由滑中接连失误；短节目成绩排第 4 名的哈维尔·费尔南德兹在自由滑中出色完成了后内结环四周跳和后外点冰四周跳，发挥出了自己的实力。

最终，杰里米在短节目位列第 1 名，在自由滑位列第 5 名，总分位列第 3 名；费尔南德兹在短节目位列第 4 名，在自由滑位列第 1 名，总分位列第 2 名；羽生则凭借短节目第 2 名、自由滑第 2 名，以总分 241.66 分跃居首位，获得冠军。羽生与亚军费尔南德兹只相差 0.03 分，可谓是险胜。

"我曾因中国分站赛上不足 1 分的分差而备感痛苦，

所以即使是 1 分、2 分，我现在都非常重视。这次比赛我以 0.03 分的微弱优势胜出，如果当时我没能在后半段的后外结环三周后接二周跳，我必输无疑。同样，我也深切感受到在比赛中做到全神贯注，一边冷静做出判断，一边滑完全程是多么重要。我战胜了内心想要鲁莽行事的欲望。"

第 4 次出征大奖赛，羽生拿到了首枚奖牌，而且是块沉甸甸的金牌。通往大奖赛总决赛的大门向羽生开启了，这正是靠"战胜欲望"的新战略取得的好结果。

"我吓了一跳，与其说是因为首次夺冠，不如说是因为首次站上大奖赛（成年组）的领奖台，目前我还没有夺冠的感觉。但最让我高兴的是拿到了大奖赛总决赛的入场券。在中国分站赛上位列第 4 名的我在一筹莫展中一路前行，这也化作了我的宝贵经验。"

在颁奖仪式上一拿到奖杯和奖牌，羽生立刻跑到阿部奈奈美教练身旁，他要把金牌挂在教练的脖子上。就在那时，奖杯尖锐的顶端不小心碰到了阿部奈奈美教练的头，两人不禁苦笑起来。

"奖杯不小心碰到了教练的头，看着很疼的样子，真是对不起。但拿到金牌时，我就想挂在教练的脖子上。得益于大家的支持，我才能走到今天。'3·11'东日本大地震后，我感受到来自宫城的温暖、来自日本的温暖。这个成绩绝不是我一个人的功劳。"

随后，一回到酒店，羽生就把金牌挂在了一直在他身边守候、给予他支持的妈妈的脖子上。"因为在大家面前我会有些不好意思。但这是我最重要的习惯。"

不断追赶顶尖选手的日子

2011 年 12 月 7 日，羽生在加拿大魁北克迎来了 17 岁的生日。首次参加大奖赛总决赛的羽生分别以 17 岁零 3 天、17 岁零 4 天的年龄参加了短节目和自由滑的比赛。然而，在 6 名参赛选手中，羽生因积分排名垫底，是最后一名入围选手。不过对他而言，这是一场追逐顶尖选手的大赛。

花样滑冰高手云集总决赛，其中有世界冠军陈伟群、日本男单花样滑冰顶尖选手高桥大辅、逐渐崭露头角的费尔南德兹，再加上美国冠军杰里米和来自捷克的米哈尔。无一例外，这些选手不仅能完成四周跳，而且在滑行、表现力等跳跃以外的领域都获得了很高的评价。

然而，正因为大家都是顶尖水平，所以稍有失误，荣登领奖台的人选就会改变。这正是比赛的悬念，也是总决赛的看点。自不必说，作为总决赛里最年轻的选手，羽生倘若发挥出色，便很有可能站上领奖台。

然而，面对媒体抛出的"羽生能否摘得首枚大奖赛总决赛奖牌"的疑问，他还没有做好思想准备。对于平时力争上游的羽生来说，首次跻身大奖赛总决赛这个大舞台有些意外，因此他心中只有喜悦。

在前进的漫漫长路上，面前的5位超顶尖选手都是羽生的劲敌。羽生把寻找自己与高桥大辅、陈伟群之间的差距定为这次比赛的目标。另外，前世界冠军高桥大辅，对于总决赛的首枚金牌仿佛势在必得。

斗志的差异也表现在选手入境时在机场的态度上。高桥大辅下飞机后，只要有些许时间就会做做拉伸，一门心思关注着自己的身体。此外还有专业指导、营养师一同随行，一副按部就班"从现在开始应对比赛"的阵势。

然而，羽生却像往常一样，在机舱里戴着耳机听着比赛曲目，尽量让自己放松休息，一动不动。

诚然，赛前不同类型的选手会有不同的表现。是以王者的姿态应战，还是以挑战者的姿态发起冲击？思想上细微的差异就体现在态度上，这仿佛预示着即将开始的激烈角逐。

大奖赛总决赛敲响了战鼓。在短节目中，羽生在后外点冰四周跳落冰时步法滑出，得到79.33分，位居第4名。此时他与第3名费尔南德兹仅相差1.93分。

但是，羽生此时没有点燃"夺冠"的斗志，还是"能参加总决赛就已经很开心了"的情绪占了上风，他全身心地投入节目表演中。要战胜某一个人的斗志和心无旁骛的冷静是截然相反的。难能可贵的是，这场大赛对羽生而言，"专注于自身"的想法更强烈。

在自由滑中，羽生开场的四周跳顺利完成，后续的阿克塞尔三周跳远度可观，动作流畅轻盈，堪称无懈可击。除了最后的后内结环三周跳，7个跳跃都完成得干净利索。他的表演洋溢着朝气蓬勃的活力，俘获了观众的心。

表演结束的瞬间，羽生高兴得双手捧着脸颊。面对着全场观众的起立鼓掌，他数次深深鞠躬致谢。

166.49分的自由滑分数刷新了他的最好成绩，在自由滑位列第3名。看到分数的那一瞬间，羽生拍着双手，和阿部奈奈美教练兴奋地拥抱在一起。最终总分是245.82

分。考虑到后续出场的选手，羽生觉得虽然难以摘得奖牌，但已经心满意足了。

另一边，高桥因在短节目中有两次跳跃失误，以微弱分差位列第5名，所以在自由滑中出场较晚。他在自由滑开场的四周跳也出现了失误，观众席传来"啊……"的叹息声。

然而，他从此时才开始展现出日本花样滑冰男单王牌的霸气。高桥点燃了斗志，"从现在起绝不能再失误，我不能输"，剩下的跳跃全部出色完成。越到后半段，高桥的表演越发强劲有力，令观众看得出神。

最后，高桥以庄重、威严的表演在自由滑中获得第2名，并以总分第二摘得银牌。

尽管羽生的"四周跳成功了，但最后的跳跃出现了失误"，而高桥则是"虽然四周跳失误了，但随着进入节目后半段，跳跃变得稳扎稳打"。这是两种不同的情形，挑战者和王者之间竖立着一道看不见的高墙。

比赛结束，羽生才体会到王牌选手的战斗方式与自己有所不同。王牌选手有一种越进入后半段越会爆发的力量。

比赛刚结束时，羽生还对第4名的成绩感到心满意足，但到了次日便觉得心有不甘。

"我很想站上领奖台。在短节目中，出现失误的后外点冰四周跳和自由滑最后阶段原本擅长却失误的后内结环三周跳都是我要解决的课题。无论哪个都是心理问题。我的技术分在6人中排名第二，却在表演分上被拉开差距，说明我只会跳跃。现实摆在眼前，在全日本花样滑冰锦标赛开幕前，无论是心理上还是表演上，我想看看能追赶上前辈多少，想看看能否超越前辈。我想对这些加以改进。"

在这次的大奖赛总决赛上，第4名的羽生与第2名的高桥相差3.30分。针对羽生的第4名，众多媒体议论纷纷。有的媒体认为羽生明明想登上领奖台，但在比赛中尚有不足之处，只拿了第4名；而有的评论则称年仅17岁的他却已取得第4名的佳绩，实属不易。

然而，羽生并没有回头看这个第4名。感受到自己与日本王牌选手的差距就是参加本次大赛的最大收获。重要的不是名次，而是3.30的分差，还有后半段持续集中精力、燃爆全场的表演力。

在本赛季前半段，这是羽生唯一一次与高桥同场竞技。在这仅有的分组中，羽生深刻感受到"这个高墙的高度还有 3.30 分"。仅仅在 1 年前，羽生在公开练习中看到高桥的四周跳时还大受震撼，他模仿前辈的动作并初次挑战成功，现在已然把前辈作为追赶并要超越的目标。

从加拿大一回到日本，羽生就开始了持续约两周的强化训练。他主要针对两个方面展开训练，即在总决赛后半段出现失误的后内结环三周跳和较低的表演分。

"接连两次犯同样的错误，说明没有取得进步。我在总决赛中暴露的问题一定会在全日本花样滑冰锦标赛开赛前解决。"

这是羽生追逐王牌选手的一年半时光。在世界前 6 强展开激烈角逐的大奖赛总决赛上，羽生并没有被顶尖选手们远远甩在身后，而且他在那两天里冷静地分析了自己与王牌选手之间的差距。

最后出场的巨大压力

对羽生而言，在向王牌选手高桥大辅发起挑战并一决胜负之前，自己必须跨越的障碍是"拿到首次参加世界花样滑冰锦标赛的入场券"。

仅有 3 个名额可以入围世界花样滑冰锦标赛，倘若羽生在全日本花样滑冰锦标赛上拿到奖牌，就能基本锁定世界花样滑冰锦标赛参赛席位。除了小冢崇彦、町田树、高桥大辅，还有其他顶尖日本花样滑冰男单选手，即便入围世界前 6 强的大奖赛总决赛，也尚不能确保获得世界花样滑冰锦标赛的参赛资格。

全日本花样滑冰锦标赛在大阪门真体育中心拉开帷幕，场馆里座无虚席。在高桥大辅的粉丝数量占据绝对优势的地方，也出现了为羽生加油呐喊的零零星星的旗帜。这与他在大奖赛总决赛中的出色表现不无关系，"17 岁的羽生结弦追赶王牌选手高桥大辅"成为世人瞩目的焦点。

迄今为止，在大奖赛的分站赛和总决赛上都是排位靠后的选手先出场，因此刚刚升入成年组第二年的羽生因积分较少，总是第一个或第二个出场。

然而全日本花样滑冰锦标赛是按照小组抽签决定出场顺序。羽生抽到了最后一个出场。这意味着赛前 6 分钟热身结束后，羽生需要等待约 30 分钟才能上场比赛。

羽生细细算过压轴出场时的等待时间应该如何度过：在选手通道做做拉伸，做几个轻松的跳跃等，一边完成常规动作，一边等待上场。然而，倘若等上 10 分钟，身体的温度会下降，肌肉就会变得僵硬。在这种情况下，羽生本想通过原地踏步、猛跑等方式保持温热，但这样身体会比平时更容易疲倦。究竟是动好还是静好？尽管做了模拟练习，但那 30 分钟让人感到仿佛时间没有尽头。

羽生压轴出场。他的心理状态与平时仅有毫厘之差。

就在要跳后外点冰四周跳的那一瞬间，羽生用力踩的腿没能使上劲，结果只完成了三周。

与转完四周摔倒相比，周数不足的情况得分更低。于是，羽生拿到了本赛季最差的成绩 74.32 分，位列第 4 名。

"明明是在 6 分钟热身时觉得紧张，但后面我更紧张了。不是因为我听到了观众为高桥前辈欢呼喝彩的声音，或者我意识到其他的什么，而是我从未压轴出场，所以没有了以往的自信。6 分钟热身后，在等待上场的时间里如何保持一个良好的状态是我要总结、思考的地方。"

他低垂着头，言语间流露出不甘。即便如此，他仍旧咬着嘴唇继续说着，与生俱来的强烈进取心表露无遗。

"今后，倘如我的世界排名有所提升，那么在大奖赛系列赛上也会碰到压轴出场的情况。因此，针对明年的赛季，我能在这里发现要解决的问题也是蛮好的一件事。"

这仿佛预言了在新赛季的大奖赛系列赛中，他很有可能会作为世界排名第一的选手参加比赛，并压轴出场一般。这不仅仅是一次失误调整，羽生把失误视作机遇，他的坚韧、刚强若隐若现。

另一边，高桥在短节目中出色完成了"四周接三周连跳"，以 96.05 分高居榜首。

"之所以四周跳能顺利完成，正是因为羽生成了我前进的动力。"高桥展示出冒险家的坚定。他比羽生高出 21.73 分，贡献了比赛最精彩的时刻。

分差如此悬殊的短节目比赛结束后，任谁都会为调整比赛动机大伤脑筋。第二天的自由滑可谓是一波三折。

羽生此时与大奖赛总决赛时如出一辙，"除最后的后内结环三周跳，其他跳跃均顺利完成"，表演精彩无比。男单自由滑最多可以表演 8 组跳跃，包含四周跳在内的 7 组跳跃，羽生都干净利索地落冰，已是完成得非常出色。但一曲终了，他还是连连拍打着自己的大腿，悔恨万分。

"我竟然犯了跟大奖赛总决赛时同样的错误，真的是不甘心啊！重蹈覆辙表明我没有进步。这次，我的最大课题竟没有好好得以解决。我一心想要跳好，但想得太多了，一腔干劲儿都白搭了。"

　　　　　　　　　　　　　　　　羽生结弦：王者之路

一面是因气馁而失误的短节目，另一面是因过于争强好胜而失误的自由滑。面对与高桥悬殊的分差，羽生能以挑战者的心态发起冲击本是好事，但他也品尝到了丧失冷静的后果。

尽管如此，羽生的自由滑还是以 167.59 分位居榜首。最终他摘得铜牌，将世界花样滑冰锦标赛的入场券收入囊中。冠军高桥大辅和亚军小冢崇彦都鼓掌欢迎自由滑成绩排名第 1 位的羽生。

在记者招待会上，两位前辈就在身旁，羽生铿锵有力地发言。

"从大奖赛系列赛开始连续 3 场比赛，我的得分在不断提高，我也确实感受到自己的实力有所提升。我会竭尽所能，争取早日追赶上我现在追赶的背影。总之，面对世界花样滑冰锦标赛，我会想想具体的策略。"

"正在追赶背影"，不直呼其名表现出羽生强烈的竞争意识。他流露出来的并非是终于登上领奖台的喜悦之情。他要紧随高桥身后，似乎言外之意是表明"我能随时追上你"，让人感受到他的意志之坚强。

谢谢灾区的人们

2011—2012 年赛季，羽生越是表现亮眼，海外媒体就越是以"遭受海啸灾害的仙台少年：夏季没有主训练场，通过冰演来训练，饱受辛劳"的视角报道羽生，还请他发表相关评论。事实上，羽生住在仙台市中心，并未遭受海啸袭击，但海外媒体仍以"海啸的受灾者"对他进行报道。

这个赛季的高潮当属 2012 年世界花样滑冰锦标赛。赛前就有海外媒体接连抛出诸如"请你对灾区的人们说几句""作为灾民代表，你想呈现什么样的表演""因受地震、海啸袭击，什么事让你觉得困扰"等问题。

赛季开启前，羽生原本已回归初心，他认为"我不是灾民代表，而是日本花样滑冰运动员。我想好好地赢得比赛"。但在媒体面前，他还得不断重复着优等生式的回答："倘若能用我的表演激励、鼓舞日本国民，我就心满意足了。我会为了灾区而登台表演。"

然而，羽生全力以赴到达的地方，是这一年当中比赛规格最高、真正决出世界王者的舞台。作为花样滑冰运动员，本应表现出旺盛的斗志，但他究竟要站在哪个立场上呢？他的思绪又被打乱了。

到了短节目比赛当天。

"光是'世界锦标赛'这个名字就让我有点儿怕。"从这句话可窥探出他的性格中也还是有着少年气的一面。

开场的四周跳原本计划做"四周接三周连跳"，好不容易四周跳稳稳落冰，却变成了"四周接二周连跳"。因为和往日训练的模式有所不同，羽生变得焦躁不安，并在这种心态下完成了后续的表演。之前从不会失误的勾手跳只完成了一周。

羽生在擅长的技术分上没能赢得分数，以77.07分位居第7名。他没能跻身由前6名组成的最后出场小组。

"四周跳之后只完成了二周跳，我觉得自己有点心急了。今后无论在什么情况下，我都要沉着冷静，跳好每一个动作。但是从由四周跳完成连跳的角度来看，这种情况还是第一次出现，因此它已成为通往明年的踏板。我发誓，为了明年向这个舞台进发，我会加油努力的，一雪前耻。"

短节目刚刚结束，他就谈到了下个赛季。对于羽生而言，实属罕见。

他不敢表达对胜利的渴望，这是由于他"想向灾区的人们和粉丝们传达信息"的情绪破天荒地占据了上风。这种情绪融入了他对自由滑的评论中。

"在这个特殊的赛季里，我能登上这个舞台，是凭借一直以来的努力拼搏。自由滑，我会奋战到底，向观众表达'大家一起朝着目标向前奋进'的感悟。"

能够入围世界花样滑冰锦标赛，在短节目中完成四周跳，他流露出欣喜之色。

事实上，羽生在短节目中位列第7名。若是平常，本应当时便感到心有不甘，但他对并没有涌现出懊悔之情的自己察觉到异常的时候，是在当天晚上。

第二天的自由滑将决定最终排名。羽生回忆起震后的一幕幕情景，想要调整好心态。

"我这样不对。想到虽然扭伤了脚踝，但'独自完成了四周跳'，我有点飘飘然了。不是这样的。得益于大家的支持，我才走到今天。"

羽生想起，地震发生后他收到的无数的信件和留言。在世界花样滑冰锦标赛前夕，自己读信、做回信准备、写回信时的心情又被一一回忆起。

"承蒙大家对我的鼓励和支持，我会好好表演。这应该是我最好的报答。"

他对自己起誓。

"我梦想着有朝一日能登上世界花样滑冰锦标赛的舞台。为了能在汇报表演中向观众奉献我的震后冰演节目《天鹅湖》，我要挺进前 5 名。"

终于，那个勇往直前的、真正的他回归了。

羽生的自由滑曲目为《罗密欧与朱丽叶》。本赛季连续 3 场只出现了 1 次失误，应该不会再犯同样的错误了。

他强有力地完成了开场的四周跳，余下的跳跃也顺利完成。在中间的步法中，扭伤的脚未能自如挪动，摔倒了，但他立刻站了起来。

"既然跌倒了，就当是好好休息了一下吧。"

这种奋勇向前的精神正是他强大力量的源泉。事实上，步法摔倒并不如跳跃摔倒扣分多，因此只要坚定信心，它就不会产生较大影响。

接下来，羽生成功完成了本赛季连续两场比赛都失误的动作，即"最后阶段的后内结环三周跳"。观众的热情空前高涨，拍手声已淹没了乐曲声，变成滚滚的汹涌浪潮。来自观众的力量和他自己的力量仿佛融为一体，整场表演精彩纷呈，仿佛每一秒都有磨砺过的痕迹。

一曲终了，羽生做出结束动作，气势仍源源不断地从身体里涌出，情绪的洪水势不可当。在他的身体里，《罗密欧与朱丽叶》的表演仍在继续。他眺望远处，右臂缓缓地伸向天空，坚强有力。那庄严的神情仿佛在说："立于世界巅峰之上的人是我。"

观众激动得起立鼓掌，掌声震耳欲聋。

羽生的右臂上举了3秒。

放下来的那一瞬间，他百感交集，热泪盈眶。

"这个赛季真的很艰难。尽管如此，我还是坚持了下来，最终迎来了幸福的结局。我终于切实感受到来自家乡的牵挂、大家对我的支持，因此禁不住流泪了。"

羽生的自由滑得到173.99分，仅次于陈伟群，位居第2名。之后，他以251.06分的总分摘取了铜牌。

"我没想到自由滑成绩会突破170分，说实话，我大吃一惊后反而不流泪了。整个表演几乎是零失误，因此我信心倍增。再加上总分超过250分，我感到自己已跻身顶尖选手之列。"

他冲着电视媒体举起胸前挂的铜牌说道："我曾经觉得要为灾区而滑，其实不然，我反而是站在被大家支持的立场上。我强烈感受到，不是我激励大家，而是我被大家激励。许多人从日本远渡重洋来到尼斯为我加油鼓劲，还有很多观众在电视机前为我助威呐喊，是大家在激励我。我意识到，承蒙各位对我的鼓励，我努力表演才是对你们的最好报答。我觉得在内心深处，自己终于战胜了震灾。"

这是自东日本大地震发生以来的第 386 个夜晚，少年在灾民代表和花样滑冰运动员两个立场间不断徘徊。对于年仅 17 岁的他而言，这是一段残酷、苛刻的时光。但正因为如此，他才能从内心深处感到被无数人支持的，所谓肉眼看不到的幸福。

5

远渡重洋的挑战

17岁~18岁

2012—2013

"如果每天都能感受到来自强大对手的
刺激，那我会变得多么厉害啊！"

与故乡仙台的告别

2012年春天，羽生告别了他17年里出生、成长的故乡——仙台。羽生新的花样滑冰舞台位于加拿大多伦多。他加入了由布莱恩·奥瑟率领的、闻名于世的"多伦多·板球·滑冰&冰壶俱乐部"（通常被称为"蟋蟀俱乐部"）。

时机、冷静和冒险精神促使这位17岁少年下定决心。

2012年3月在法国尼斯举行的世界花样滑冰锦标赛自由滑的比赛经历，成了他人生道路的分岔口。

在短节目中第7个出场的羽生把名次、奖牌和取胜的策略等念头统统抛诸脑后。他的内心承受着东日本大地震后方方面面的纠葛，无论是作为受灾者的心情，还是作为花样滑冰运动员的心境，所有的热情与他的表演碰撞、交织在一起。

这种激情传达给了观众。在淹没乐曲的掌声中，他只用灵魂在表演。观众赋予的能量融入他的血液，传遍全身，让他的大脑神经都感到麻痹。这是他第一次有如此强烈的感受。

比赛结束后，他坐在选手休息室里，呆呆地观看其他选手的表演。身体里满满的成就感和无力感，变成一个个小气泡蒸发而去。正当他品味这种感觉的时候，阿部奈奈美教练说道："下个赛季，必须请个外国教练来指导你。你应该把目光投向海外。"

此时羽生的表演刚刚结束，还不是考虑下个赛季具体事项的时候。尽管如此，"外国教练"这个至今尚未听惯的词却深深刻在了他的脑海里。

花样滑冰原本就是在欧美发展起来的体育项目。自1892 年国际滑联成立至今已超过百年，时至今日，人们也无法忽视它的起源与背景。为了追求终极目标，为了站上世界之巅，去欧洲或北美洲等地体验真正的滑冰艺术对运动员来说颇有益处。

让我们回顾一下花样滑冰的历史。

花样滑冰起源于荷兰。此前滑冰一直被视为人们在冬季的移动方式，荷兰贵族从中衍生出优雅的滑冰样式。18世纪前后，花样滑冰被相继传到欧洲其他国家和北美洲。欧洲本土其他国家追求滑冰时的曼妙身姿，而英国则着眼于冰刀在冰面上划过时的轨迹，琢磨着能划出更复杂的冰面图形的技术。

19世纪，美国纽约的芭蕾舞表演艺术家海因斯提议将芭蕾的舞蹈动作融入花样滑冰中，尝试在冰面上做出种类繁多的动作。海因斯来到欧洲，接触到了华尔兹圆舞曲。当时恰逢约翰·施特劳斯创作出《蓝色多瑙河》等杰出作品，是贵族在舞会上随着华尔兹翩翩起舞的时代。于是，海因斯萌生了"伴随着华尔兹圆舞曲来滑冰"这一崭新想法，将古典音乐和花样滑冰融合在了一起。

1892年国际滑联成立之时，就规定了以英国流派的"滑出正确的规定图形"和欧美流派的"随着音乐而舞蹈的自由滑"两大类别作为比赛项目。

随后，花样滑冰作为竞技项目传播到了全世界。北美洲追求运动的魅力，以德国和英国为代表的欧洲大陆追寻多元化的美妙图形，俄罗斯则探求与芭蕾共舞的艺术性，花样滑冰在发展中呈现出鲜明的地域特色。

尽管近10年来日本花样滑冰选手在国际赛场上表现亮眼，但日本并不是花样滑冰的起源地。古典音乐、芭蕾和规定图形等均为舶来品。与音乐家、芭蕾舞者去海外留学一样，许多花样滑冰运动员都通过师从外国教练，在外国冰场进行训练，获得灵感。

17岁就登上世界花样滑冰锦标赛领奖台的羽生也不例外。在决定是否投入外国教练麾下之时，一个转机出现了。

羽生的不同之处在于，其他人是"我想成为顶尖选手，所以要去海外留学"，而他是已经收获了世界花样滑冰锦标赛的奖牌。这比他预想的要早一些，他思索着"我体会到了当顶尖选手是什么感觉，那么现在的我应该做什么"。

2012年春天，怀着在尼斯时的兴奋之情，他远眺仙台街头飘落的樱花。

"世界花样滑冰锦标赛上观众爆发出震耳欲聋的欢呼声，他们注视着我，我真的很开心。我意识到有这么多人在支持我，那已经不仅仅是我个人的花样滑冰了。为了不辜负那样的欢呼声和助威声，我要奉献出令观众满意的表演，我要变得更强大，希望观看我的表演能成为一种幸福。"

自孩童时期起，这个少年就祈愿"变得更强大"。这份激情的根源在于自身的喜悦。然而，他意识到正是由于观众和自身两方面的因素，自己才完成了花样滑冰表演。这对17岁年轻的羽生而言，与其说是沉重的压力，不如说是强大的动力。

"既然我已站在领奖台的最边上，那就要以出国为契机迈出新的一步。"

毫无疑问，做出这个决定需要勇气。

震后，仙台好不容易复工复产，他从家可以步行至小学、中学和冰场。家里有妈妈，冰场里有从小教授他的阿部奈奈美教练，还有打零工的姐姐。即使前往海外参加比赛，他也只是往返于酒店和赛场之间。他所生活的空间太狭小了。

"我不想离开仙台。对我而言，仙台让我觉得安定。在那里，我取得了迄今的这些成绩，很难把这一切抛下。"

他内心摇摆不定。最终，还是勇气占了上风。

"我好不容易在世界花样滑冰锦标赛上获得季军，必须以此为契机成长为更优秀的花样滑冰运动员。我自己也要变得更强大。如果优先考虑自己的情感，那么将一事无成。我要在心里某处在自己与故乡之间画条线，然后必须迈出这一步。"

越是有竞争对手的刺激，我就越努力

羽生下定决心与仙台挥手作别。

即便如此，要找到一个新教练又谈何容易？他站在花样滑冰人生的重要十字路口上。

想要师从名师，乃人之常情。

然而，羽生并没有简单地认为，仅仅靠师从名师就可以变得更强大。现如今，日本的顶尖花样滑冰选手到了高中和大学阶段，都会师从外国教练，这早已司空见惯。尽管如此，但羽生毫不觉得这就等同于能成为世界王者。

"师从知名教练并不是问题的答案。我要跟谁学？去哪里学？我远离家乡仙台，是要去哪里追寻？又要追寻什么？"

他曾考虑前往俄罗斯，以提升艺术才能。如果说想要沿袭自己孩童时期的偶像普鲁申科的风格，那么去俄罗斯也是不错的选择。

早在师从阿部奈奈美教练之时，羽生就在俄罗斯教练的指导下学习过如何提升表现力。曾有人评价他的花样滑冰带着几分俄罗斯风格，兴许那里在整体上也很适合他。

然而，如果再次回归初心，即"为什么要远离故乡仙台"，那就只有一个答案——"我只想变得更强大"。

于是，一心为了追求强大，羽生回顾了哪些比赛让自己变得更强，成长的时间节点又是何时。

"我是那种越是有竞争对手的刺激，就越努力的类型。我第一次完成后外点冰四周跳是在 2010 年春季的冰演，那时我刚升入成年组。我目睹了高桥大辅前辈和无良崇人前辈的四周跳，感受到了刺激；第一个后内结环四周跳是我与无良崇人前辈在冰演的空当做跳跃练习时完成的。对我而言，有我能意识到的竞争对手就是刺激我变得更强大的最佳利器。"

这么一想，答案就一目了然。去能刺激自己的选手所在的地方就可以了。于是，羽生眼前浮现了上个赛季崭露头角的费尔南德兹的身影。在 2011 年大奖赛总决赛上，他目睹了费尔南德兹完成 2 个精彩绝伦的四周跳，将铜牌收入囊中。

"现如今，只做一个四周跳已远远不够了。上个赛季，费尔南德兹转入奥瑟教练的麾下就变得大不相同。他的四周跳完成得那么轻松自如。我想看费尔南德兹跳四周跳，我想知道跳四周跳的秘诀，我还很好奇奥瑟教练是怎么教的。"

当竖立起"我很好奇"的天线时，不可思议的机缘出现了。在羽生偶然间读到的专业滑冰杂志中，正巧就有介绍奥瑟教练团队的专刊。文章里介绍道，该俱乐部不是只有奥瑟教练一位教练，而是多位教练分别就滑行、跳跃、旋转、表现力等给予运动员指导，它是一个对运动员的所有训练环节进行综合指导的俱乐部。

要去的地方就这样确定了。

"还是身边有尊敬的竞争对手为好。唯有我心里视为出类拔萃的选手，才能激发我。啊，如果我每天都能看到费尔南德兹练习四周跳，每天受到那样的刺激，那么我会变得多么强大啊。"

他激动得浑身颤抖。多伦多在呼唤他。

说起奥瑟教练，他是一位颇负盛名的滑冰教练，在他的培养下，韩国选手金妍儿在 2010 年温哥华冬奥会上勇夺金牌。因此在日本，有人认为他曾是浅田真央的劲敌的教练。

"与金妍儿没关系。奥瑟教练能培养出金妍儿，可真了不起。但我不是因为这个才决定转投其麾下。我选择的是费尔南德兹和奥瑟教练所在的地方。"

虽心意已定，但此时下结论为时尚早。羽生向奥瑟教练提出见面的请求。在一个春天的夜晚，两个人坐下来面谈。奥瑟教练问羽生"你为什么想见我"，羽生用笨拙的英语回答："因为我想去多伦多，想和布莱恩先生一起训练。"

在此之前，奥瑟教练对羽生的请求半信半疑，但看到他的眼神后，奥瑟教练一下就明白了，他是认真的。

之后，在位于多伦多的"蟋蟀俱乐部"，就有了下面有趣的对话。

对奥瑟教练来说，那个节点，他的爱徒只有一人，那就是费尔南德兹，费尔南德兹也是索契冬奥会奖牌的有力争夺者。奥瑟教练将他视为优先考虑的对象，因此与羽生面谈后，他一回到多伦多，就叫来了费尔南德兹。

"日本的羽生结弦，你知道吧？他说想来多伦多。但他是你的竞争对手，你觉得可以吗？"

大部分选手都希望教练只指导自己一个人。当年，织田信成投奔尼古拉·莫罗佐夫门下时，高桥大辅也暂时与莫罗佐夫分道扬镳。同样，由于劲敌的到来，许多原本亲密融洽的师徒关系也变得不再平静。

结果，费尔南德兹非但没有嫉妒，反而回答道："太好了！我们又多了一位顶级选手，真是太棒了！"

奥瑟教练不再有顾虑了，立刻跟羽生取得联系。

"嗨，羽生，没问题。我们一起训练吧。布莱恩团队热烈欢迎你的到来。"

来自西班牙的费尔南德兹性格开朗大方，他热情地欢迎羽生结弦。奥瑟教练先前想的是，根据经验，倘若是女子单人滑，只表扬选手一个人就可以提升她的士气；但如果是男子单人滑，同一队里有竞争对手，大家互相角逐比拼，也许效果会更好。

"一个全新的布莱恩团队真是令人期待啊！"

奥瑟教练一边这样想着，一边为迎接羽生开始了团队制度改革。

从基础滑行开始训练

就这样，"我想看费尔南德兹的四周跳"，凭着一语

　　　　　　　　羽生结弦：王者之路

激昂，羽生来到了多伦多。然而，要怎么做，才能继续进步呢？

布莱恩团队的首个课题就是重新训练选手的滑行技术。无论是能完成四周跳的选手，还是只能完成两周跳的选手，不论水平高低，加入团队后都要从零开始练习滑行技术。

这是因为奥瑟教练的指导基于一个原理，即"花样滑冰中的所有技术动作和表现力都源于基础滑行技术。"

首先是跳跃方面，脚下滑行越稳定，跳跃的助滑就越能和重心落在同一轨道上。这样，起跳稳定，跳跃的成功率就会随之提高。

表现力方面更是不言而喻。基础滑行时，如果下半身的动作不稳定，上半身的表演就无从谈起。如果滑行技术较差的人大幅度地后仰身体，就会头部着地，摔落冰面。为实现步法的多元化，在滑行方面学会以各种方式保持身体平衡就显得十分重要。

那么，羽生的情况如何呢？

尽管羽生是位能跳四周跳的顶尖选手，但他每天做的只是基础训练。

"我之前就意识到自己在滑行技术方面有所欠缺。但是在仙台的时候，我只有在夏季没有比赛时才去练滑行技术。"

难怪他会察觉到提升滑行技术的重要性，这里面也有日本花样滑冰训练环境的问题。在日本，冰场每天只有1~2个小时为花样滑冰选手的包场时间，其余时间均为普通人的滑冰训练时间。于是，在珍贵的包场时间里，选手们或配上节目音乐，或练习阿克塞尔三周跳、四周跳等在普通滑冰者之间做起来比较危险的关键技术。基础滑冰技术虽然易于掌握，但训练时会占用整个冰场，因此很难在包场时段里留出时间专门做这方面的训练。

当然，羽生结弦上小学时，曾在都筑章一郎教练的指导下进行了全方位的基础滑行训练。都筑教练不仅教授滑行技术，还教授他如何正确使用冰刀，如何巧妙运用步法。对羽生而言，少儿时期掌握的基础滑行技术是他迄今完成冰上表演的重要根基。

然而，学会三周跳和四周跳之后，跳跃练习就成了训练的重点。考虑到四周跳属于世界高难度的跳跃，羽生已经学会了，因此滑行技术尚有很大提升空间。

负责基础滑行训练的不是奥瑟教练，而是另一位总教练崔西·威尔森。崔西·威尔森曾在1988年卡尔加里冬奥会上夺得冰舞铜牌，是世界上屈指可数的滑冰教练。她熟知如何把花式的滑行与上半身的表现力有效地结合起来。

在最初的日子里，崔西·威尔森教练每天都会说"我们从 stroking 开始吧"。所谓的"stroking"是指左右脚交替向前滑，对羽生来说，这简直不费吹灰之力。但是，如果认真体会身体重心、力量和步法，就能感知到自己与冰面的贴合度以及速度变化。

"在仙台的时候，我都是按照自己的方式来训练。然而，在平时的训练中，我从未对滑行有过如此深切的感受。"

对羽生而言，最大冲打击莫过于每天都要做的集体步法训练。奥瑟教练和崔西·威尔森教练先做步法示范，然后 20 名左右的学生一起滑行。因为是同一个动作，所以哪个人的速度快、动作幅度大、身姿优美，一目了然。冰场两面装有镜子，一旦有人的动作和周围人不协调，立马就会被发现。

对羽生来说，自己只认识费尔南德兹和埃琳娜·格德瓦尼什维利两个人，其余 10 多人都是只能跳两周跳或加拿大国内水平的选手。

尽管如此，在正对面的镜子中，动作最笨拙、好不容易才能跟上训练节奏的人就是羽生自己。

"原来我的滑行技术这么差。"

另外，如果滑行时冰刀倾斜的角度越大，就越容易加速。羽生注视着镜子，发现自己几乎没有倾斜。

"在仙台时，我的水平最高，因此滑行时都是'给其他人做示范'；来到多伦多后，输给费尔南德兹还说得过去，但我竟然还不如那些不认识的滑冰选手滑得好。我可真差劲。"

然而，萎靡不振可不是他的一贯作风。

"要是滑行技术提高了，跳跃就可以完成得更好。这两年，我一直都想把自己的滑行技术提升到成年组的水平，这次终于能有机会改进了。"

这是羽生远渡重洋来到多伦多的第一个夏天。在这个平均最高气温仅为 20 摄氏度的凉爽城市，他就像与初恋坠入爱河一般，每天潜心于滑行训练。

以费尔南德兹为模板练习四周跳

与强化滑行技术一同进行的，还有羽生心心念念的提高跳跃能力的环节。

　　奥瑟教练对跳跃的指导正是羽生翘首以盼的。

　　奥瑟教练指导理论的基本原则是"发挥各自的特长"。比如，奥瑟教练自身因擅长阿克塞尔三周跳而被称为"3A先生"，但他并不强求学生按照他的模式来练习。即便同样是阿克塞尔三周跳，奥瑟教练、费尔南德兹还有羽生的跳法各有千秋。考虑到体形、肌肉、瞬间爆发力等个体差异，奥瑟教练认为"对选手来说，自己容易跳的就是他的最佳模式"。

　　"奥瑟教练一心为我们着想。无论是我，还是费尔南德兹，我们在投奔奥瑟教练麾下之前，很早就形成了自己的跳跃模式，因此奥瑟教练让我们发挥自己的长处。他在把握选手各自特点的基础上，结合理想模式，帮助我们实现'如果这样做，跳跃就会更优美、更轻松'的目标。"

　　同时，对羽生来说，最佳的训练方式莫过于目睹高手的跳跃了。原本他的跳法是，跳跃前先在脑海里勾勒出跳跃模式，就像3D动作一般，然后让自己置身其中。正因如此，奥瑟教练非常重视羽生训练时的视频。奥瑟教练观看费尔南德兹的跳跃，再用平板电脑拍摄下羽生的训练，反复回看比赛录像。他一边寻找着费尔南德兹的跳跃模式和羽生之间的区别，一边将其与奥瑟教练理论的精髓相结合，创造出"只属于羽生的跳跃模式"。

"还是用眼睛看到的东西更直观易懂。在视频的帮助下，我就能生成意象。"

于是，羽生的阿克塞尔三周跳和后外点冰四周跳的精准度有了显著提高，这比预想中的节奏还要快。

另外，在2012—2013赛季时，羽生决定在自由滑中加入后外点冰四周跳和后内结环四周跳这两种不同种类的四周跳。但是，羽生的后内结环四周跳发挥得尚不稳定。关于后内结环四周跳，虽说在2011年5月，羽生曾在冰演训练中玩着试了一下，没想到初次挑战便成功了，但把它放进比赛就是另一回事了。因此他务必要强化这方面的训练。

"我必须生成新的后内结环四周跳意象。"

这里能参考的只有费尔南德兹的跳跃了。如他所愿，观看费尔南德兹的跳跃还是颇有价值的。

"我必须生成自己的后内结环四周跳意象。事实上，我手边除了2011年冰演结尾跳的两次四周跳动作视频，再无其他。但仅靠这些很难生成自己的跳跃意象。就像生成阿克塞尔三周跳和后外点冰四周跳的意象那样，我一边对照着自己与费尔南德兹的跳跃，一边琢磨如何生成自己的跳跃意象。范本近在眼前，对我来说意义重大。"

羽生与新同伴之间的花样滑冰生活充满着刺激，他每天都能真切地感受到自己的进步。

新的节目，新的羽生

羽生投奔奥瑟教练麾下后，训练方针一确定下来，他们就开始商量新赛季的节目内容。

在此之前，阿部奈奈美教练一直兼任羽生的编舞师。她对羽生的特点了如指掌，为他编排的节目既能展现他的风格又易于完成。这样羽生就可以把精力放在跳跃训练上。他17岁能夺得世界花样滑冰锦标赛铜牌也正是编舞师阿部奈奈美教练赋予他的"舒适性"的最佳体现。

来到多伦多，追求卓越的羽生确立了更远大的目标。他对奥瑟教练这样提议："现在距索契冬奥会只剩下两个赛季。考虑到那时我就19岁了，因此我想追求与年龄相符的表演。倘若每年的表演风格千篇一律，那可不行。但是，在冬奥会上又不能鲁莽冒险，因此哪怕今年要逼迫一下自己，我也想挑战新的表演风格。"

两人一拍即合。他们商量后决定将短节目编舞委托给2008年的世界冠军，刚刚退役不久的杰弗里·布特，自由滑编舞则交给才华横溢、极具艺术气息的人气编舞师戴维·威尔逊。

短节目曲目来自盖瑞·摩尔的《巴黎散步道》，宽广的音色让羽生从青春狂野转变为更彰显男人气概的风格。

布特的编舞体现了他所创造的终极"美丽世界"，他想让滑冰者通过一举一动忠实地再现这个美丽世界，表现出艺术之美。起初羽生很难模仿布特的动作，他属于那种会把自己对曲目的感受融入表演中的类型。为了像以往那样打造出自己的风格，在最初的日子里他不断摸索。

慢慢地，羽生把布特的每一个姿势和动作都融入自己的身体，也一点点创造出属于自己风格的动作。经过反复的摸索与尝试，他终于可以怀揣着自己的感情，把布特的世界观展现出来。

关于节目内容，羽生主动说出了自己的想法。最初按照布特的编舞，短节目前半段是四周接三周连跳和阿克塞尔三周跳，后半段是勾手三周跳。这样跳跃的基础分就是 29.50 分。对于一个能跳四周跳的选手来说，这是个中规中矩的节目编排。于是，他提议把跳跃的基础分提高到30.76 分。

"阿克塞尔三周跳是我的强项，所以我想把后半段的基础分提高到 1.1 倍。此外，我想从步法进入后外点冰四周跳。总之，我想把节目难度提高到极限。"

根据规则，短节目必须包含 3 个跳跃，即 1 个阿克塞尔跳、1 个连跳、1 个由步法进入的跳跃。如果所有的跳跃都由步法进入，一旦连跳失败，还可以用其他跳跃来弥补。但是能自己特意提出如此高难度挑战方案的运动员真的是寥寥无几。

最初，无论是布特还是奥瑟教练都忧心忡忡，认为这个决定过于大胆、轻率。然而，布特和奥瑟教练毕竟都曾是冰上的"世界王者"一看到羽生的赤诚之心，就决定全力以赴地配合他。在训练中，每当羽生完成一个漂亮的跳跃，他们就会拍手喝彩，大喊着"加油，羽生"。

"他们相信我的实力。随着训练的深入，他们坚信我能做到。看来我把节目的演绎难度提高到极限，真是件好事。"

在那些日子里，教练们对羽生充满了期待，他们重新振作精神，决定无论面对何种困难都会积极应对。

表现多元化的障碍

另一边，自由滑音乐确定为《巴黎圣母院》。这是一首具有历史厚重感的曲目，庄严恢宏的旋律动人心弦。

然而，自由滑音乐可不像短节目音乐那样轻而易举地就和羽生融为一体。

首先，感情就不易表达出来。

"我还没有完全理解故事情节的错综复杂，这样的话，我就很难把这个故事演绎出来。"

其次，还有技术难度的问题。

在之前的表演中，羽生有时可以通过"纯粹滑行"来调整心情。然而，这次的节目编排中根本没有所谓的"纯粹滑行"。

"之前我的模式是该休息的时候休息，该跳跃的时候跳跃。但是现在，所有的动作都连为一体。我之前就很向往这样的编排。跳跃、旋转、舞步一气呵成，构成一个完整的作品。这正是迄今为止我最薄弱的环节。"

这是一个所有动作都紧密衔接在一起的完整节目，因此一旦出现一个跳跃失误，节目所要表达的世界观就会功亏一篑。如何才能流畅地滑行，从彻底掌握编舞升华到表演作品的层次上呢？羽生有种束手无策的感觉。

"大师好不容易为我编排好作品，但我只是记住了编舞动作而已。由于跳跃、旋转和舞步等动作过于密集，我难以表达出心中的感情。在仙台时，如果我对编舞的内容了解透彻，就可以游刃有余地表达出内心的情感。"

诚然，青年组的选手或成年组的年轻选手还远未达到能自如地表达内心情感的年纪。因此，在一般情况下，他们的编舞也不会设计得太难，选手只要把编排好的动作再现出来就好。但是，这是羽生以世界花样滑冰锦标赛季军的身份远赴多伦多的重要赛季。他要跨越的障碍就是如何实现表演的多元化。

要努力解决的问题堆积如山，他内心的不安也是无尽的。

"我要在索契冬奥会之前的赛季吃点儿苦，奥瑟教练团队让我经受考验，那我就必须克服这些困难。这个机会难得。如果现在不吃苦，以后就难啦。现在是我17~18岁的赛季，如果在20~21岁的赛季吃苦，那时只会更苦。所以，眼下正是为索契冬奥会养精蓄锐的关键时间。"

"越是艰难的时候，越要积攒实力。"羽生仔细琢磨着这句至理名言。

索契冬奥会前的宏伟序章

2012 年 10 月，奥瑟教练率领羽生和费尔南德兹参加了大奖赛芬兰分站赛。这是一场在真正的大赛来临之前检验实力的比赛。羽生在自由滑中首次成功挑战了后外点冰四周跳和后内结环四周跳，捧得桂冠。

"这跟我首次参加（成年组）日本分站赛时完成后内结环四周跳时的感觉一样。我没有太逞强，顺利地完成了动作。我的短节目还不行。为什么短节目和自由滑就不能齐头并进呢？总而言之，之后参加美国分站赛，我会集中精神练习短节目。"

他没有气馁。

大奖赛美国分站赛在西雅图郊外的肯特举行。羽生绝没有想到，这场比赛将成为他站在世界巅峰的首秀。

在短节目《巴黎散步道》中，他出色完成了华丽的后外点冰四周跳，战略上所有提升难度的跳跃均完美完成，再加上表演中新融入的狂野风格，令观众为之倾倒。

羽生得到 95.07 分，刷新了短节目的世界最好成绩。他的技术分也有所提高，那个夏天在多伦多的基础滑行训练效果也显现了出来。

然而，对羽生而言，他还没接受"世界男单短节目新纪录"这一状况。面对出乎意料的惊喜，他的自制力发挥了作用。

即便在记者招待会上，他也不苟言笑。

他反复说着"我会把今天短节目的表现抛诸脑后，明天要毫不懈怠、奋战到底"。

然而，羽生不知道怎么才能忘却打破世界男单短节目纪录的自己，不知道如何把精力放在自由滑上。面对难得的惊世之举，他没有流露出欣喜之色。在短节目表演结束的夜晚，羽生绕着不被人注意的赛场周边跑步，努力让心情平复。

"为了自由滑，我能做点什么呢……"

他陷入沉思。

第二天正式比赛前，他一边跟自己说"要忘记短节目上的表现，沉下心来"，一边开始了6分钟热身训练。来到冰面的那一瞬间，他发现自己的大脑里一片空白。像往常那样，绕场地滑行一周后进入步法轨道，但他什么都想不起来了。

"咦，怎么了？步法想不起来了。我明明记住了，现在怎么一点儿都想不起来……"

事实上，由于当时他太想"忘记短节目的表现"，反而被它束缚。他与正确的心理状态只有一丝之差。然而，在6分钟热身训练里他却没有时间分析这相差无几的状态。

比赛迫在眉睫，他的内心惶恐不安。轮到他出场了：开场的四周跳连续两次落冰跌倒，失误连连，直到比赛结束。在自由滑中仅得到148.67分，羽生凭借短节目的分差优势获得银牌。

这是前所未有的体验。回到加拿大后，羽生听取周围人的意见，反复给自己开反省会。经多日沉思，他慢慢找到了原因所在。

"自己说过的话犹在耳畔。我在媒体面前说要沉下心来都还好，但是，后面的话就说错了。我说什么要忘却在短节目中的表现，这难道不是因为我就是在意短节目成绩吗？说这话的时候，我反而受到了短节目的束缚，难道不是吗？我应该说要把精力放在自由滑上。"

他努力从过去的失败中查找原因。

他回顾了迄今为止自己在短节目上表现优秀而在自由滑上却接连失误的比赛经历。2009年，在全日本青少年花样滑冰锦标赛上，他以短节目零失误的完美表现位居榜首，但是自由滑表现频繁失误。

"那时我太浮躁了。因为短节目表演零失误，我就喜不自胜，有点忘乎所以，在自由滑中感觉脚被下绊子了似的，滑得磕磕巴巴。但这次的情形有所不同。因为有了以前的教训，所以我不断告诫自己不能浮躁。我想让自己脚踏实地，但有点儿过了头。"

但是自己为何要如此过度地进行心理控制呢？他反复思量，找到了原因。

"原来是我一心想要摆脱短节目表现和自由滑表现不能兼顾的念头，结果想太多了。"

他又沉思起来。

"短节目和自由滑的转换，为什么就这么难呢？"

诚然，这可以称得上是令每位花样滑冰选手苦恼不堪、横亘在花样滑冰道路上的永恒障碍。但是，他一心想要击败这只"拦路虎"，思绪翻飞。

"我为观众奉上了那么完美的短节目和如此糟糕的自由滑，拿到了银牌。我来多伦多这一年，比赛有胜有负，兴许就是上天想让我留意到很多事情。当然，我想一直赢下去，但输也不可或缺。这一年，输的时候就彻底地输，该从中汲取的教训要全部汲取。因为，明年的赛季我绝不要输。为了明年，今年我要尝遍酸甜苦辣。"

仅在比赛中问鼎冠军，现在已找不出什么价值了。所有的一切是为了索契冬奥会。他把这一年视作宏伟的序章，他意志坚定，不断在成长。

为了推开通往一流选手的大门

从美国回到加拿大后，羽生重新审视了自己。这是他在多伦多度过的第一个秋天。训练所在地"蟋蟀俱乐部"的庭院里，枫树好似燃烧的橙色火焰，地面一片金黄，一切都在柔和的阳光下闪耀着光芒。沐浴在这如描金画般的秋色中，他感觉自己走出了一个困境。

"我在短节目中拿到很高的分数，在自由滑中却表现得那么糟糕，评委对我的表演还是赞许有加。不是因为跳跃，而是因为表演和滑行技术得到了评委的赞赏。原来我一直在进步啊，这让我有点吃惊。"

特别是这次短节目成绩刷新了世界男单短节目最高得分，羽生也意识到自己在滑行技术方面的进步。

不过，因为周围都是实力超群的顶尖选手，所以他在突飞猛进的同时，也感到自己心里仍有追赶不上的困惑。兴许这是奢侈的烦恼吧，但自上个赛季结束后，他就一直对此难以释怀。

"说实话，我在 2012 年获得了世界花样滑冰锦标赛铜牌，但我真没觉得自己是季军。正因为我摘得铜牌，取得了辉煌成绩，所以不再像以前那样先说出一个目标，然后努力去实现它。"

之前，羽生都是先说出目标再拿出好成绩，用行动追赶自己说的话。每一次都是言语先行。

"现在，我要在内心深处确立目标，必须一步步踏踏实实地走下去。"

他第一次领悟到，那种用豪言壮语开场，朝气蓬勃又富有活力的战斗方式并不代表一切。少年已然站在了通往一流选手的入口。

"我无法用英语对奥瑟教练他们表达出我所有的心情，所以有时我会感到焦躁。所以我渐渐萌生了不说出、只藏在内心深处就好的想法。当然，用语言表达出来，说给自己听，这种方式也很重要。但我无意中意识到把目标隐藏在内心深处，也很好。毫无疑问，体育的竞争心理很关键。但是，是说出来呢，还是藏在心里，现在我感觉是一半一半吧。"

羽生回想起刚到多伦多时的情景。周围的选手们都用英语交流，他备感孤独。但他并不讨厌那样的孤独感，反倒觉得自己真正闯入了花样滑冰的世界，一直不断做到自律、自控。对于这位多愁善感的 17 岁少年来说，这正是面对自我、让心灵成长的宝贵空间。

"我有点终于要伸手够到一流选手的感觉。目前我正处于这个长长的过渡期之中，还差一点。我第一次感受到自己马上就要登上通往一流选手的台阶。"

羽生来到多伦多已有 5 个月了，然而"舍弃仙台"的内疚从未消失。但是，"我必须在多伦多变得更强大"的决心在心底战胜了离开家乡的负疚之情。

在他 17 年记忆里的那个熟悉的仙台也迎来了秋天，那是一个静悄悄地向冬季转换、恬静美好的秋季。而多伦多的秋季天高云淡，金黄的树枝向上舒展，仿佛就要碰到蓝天，羽生感到了自己的渺小。

"来到多伦多，真是太好了。我对老家还有依依不舍的感情。但是，正因来到多伦多，我才取得了这样好的成绩，受到了大家的夸赞。下次的大奖赛日本分站赛将在宫城举行，我要展示出自己作别仙台后取得的进步。我会加倍努力，把更优秀的自己呈现给大家。"

与高桥大辅的巅峰对决

作为东日本大地震的震后复兴项目，2012 年大奖赛日本分站赛定在宫城县举办，赛场位于毗邻仙台市的利府町综合体育馆（综合运动公园内）。

这个综合体育馆最多可容纳 7 000 名观众，在日本东北地区堪称第一，在震灾中曾是遗体安置场所。

除了来自仙台的羽生，东北福祉大学的铃木明子也参加了本次比赛。作为震后复兴项目，会场展示了用 1 万张日本东北地区的人们饱含谢意的照片制作的马赛克艺术品，本次大赛的主题就是"东北""谢谢"。

对羽生而言，这是他作为短节目世界纪录保持者回日本参加的比赛，同时他对遭受地震创伤的东北地区也充满深情，再加上他与高桥大辅即将上演的新老王者巅峰对决备受瞩目，因此，羽生也愈发斗志昂扬地面对比赛。

他以零失误完成了短节目表演，表现得自信从容，得到 95.32 分，再次刷新由自己保持的世界纪录，观众的热情达到沸点。与美国分站赛上强压着心头的喜悦不同，这次羽生在等分席笑脸盈盈地向观众挥手致意。

"在宫城县的家乡父老面前又打破了世界纪录，我真的是太高兴了，这说明我在美国分站赛上的分数不是偶然的，连续两次得到评委的称赞让我很开心。"

随后，他谈到了自由滑。

"我要转换意识，把精力放在自由滑上。"

这正是他在美国分站赛自我反省后说出的心声。

上次他想着绝不能松劲，所以没有面露喜色，结果这种情绪反而留到了自由滑上。一旦欣喜于自己的分数，把自由滑当作另一场比赛，就可以忘却自己曾获得"世界最高分这件事"，坦然地面对自由滑。

羽生的短节目分数比排名第二的高桥大辅高出 7.85 分。如果自由滑表演像在美国分站赛上那样失误连连，高桥就有可能实现逆转。即便不再重蹈覆辙，对羽生来说，也可以称得上是显著的进步。

然而，他选择主动出击。出乎所有人意料的是，他把自由滑中的跳跃换成了难度更高的动作，表现出他在祖国参加比赛时的高昂斗志。

在比赛中，他出色地完成了后外点冰四周跳，后内结环四周跳落冰向外滑出时也没有跌倒。之后，他的跳跃稳定性逐步提高。但过度紧张让他的体力消耗殆尽，最后一个勾手跳时出现失误，完成联合旋转时由于身体姿态控制出现了问题，中途摔倒了。最后，他筋疲力尽，苦笑着做了完结动作。

"我没有体力了，全身瘫软。早前就知道自己的体力问题，看来我又有新的课题要解决了。我觉得好遗憾，所以忍不住笑了。"

尽管如此，他还是完成了两种四周跳，也没有出现在美国分站赛时的连续失误。他以自由滑165.71分、总成绩261.03分刷新了个人最好成绩，勇夺冠军。羽生首次战胜高桥大辅，同时锁定了大奖赛总决赛的参赛席位。

"我一直全神贯注，短节目完成得像在美国分站赛上那样出色，自由滑也完成了两种四周跳。我很高兴自己进步了，而且一直在进步。我想正因为天时、地利、人和，我才能发挥这么好。我表演时听到观众爆发出震耳欲聋的欢呼声，心里瞬间觉得踏实了。"

比赛结束的晚上，紧张情绪一扫而光，他却因为胃疼而辗转反侧。

"事实上我还是挺紧张的。但我没有重蹈在美国分站赛上的覆辙，欣然接受短节目取得好成绩的做法这次也奏效了。"

他细细品味在大奖赛美国分站赛和日本分站赛上学到的心理控制秘诀。

金牌不是目标，而是起点

距离索契冬奥会还有 14 个月。2012 年 12 月，大奖赛总决赛在俄罗斯索契拉开帷幕。比赛在刚刚竣工的冰山滑冰宫举行，这也是冬奥会花样滑冰的测试赛。比起取得好成绩，在这场总决赛中感受冬奥赛场的氛围、积累经验显得尤为重要。

索契坐落在黑海沿岸，与格鲁吉亚交界。沿岸一片广袤的未开发区域是计划建设奥林匹克公园的所在地。距冬奥会开幕仅剩 14 个月，然而冬奥村才刚刚动工，铁轨尚未铺设完毕，比赛场馆仅能进行花样滑冰和速度滑冰两项赛事。冰山滑冰宫耸立在黑海边，闪烁着青蓝色的、神圣庄严的光芒。

位于黑海沿岸的索契受到来自地中海的温暖气流的影

响，冬季季候温暖宜人。即使到了隆冬腊月，还能在这里看到仅穿一件派克大衣在海边散步的游客。比赛前一天，羽生和奥瑟教练在海边跑步。他前往多伦多时所说的豪言壮语再一次在胸膛激荡。

"我要在索契冬奥会上夺得金牌。我还要在平昌冬奥会上蝉联冠军。"

羽生期待着把内心所想悉数与教练分享，然后朝着目标继续奋斗下去。

12月7日（短节目比赛当天），羽生迎来了自己的18岁生日。他渴望再创纪录，作为给自己的生日礼物。然而，在节目后半段，他的跳跃连连失误，分数暂居第3名。

"我很期待今天的比赛，我总在想怎样才能打破自己创造的世界纪录呢？但这份情感没能在表演中展现出来，让我很懊恼。"

能跻身世界前三，已然是可圈可点的成绩，但羽生对此先感到懊悔。他与位居榜首的高桥大辅相差5分左右。于是，羽生在记者招待会上铿锵有力地说："与大辅前辈相比，我还落后5分，但我依然感到心情愉快。原本我就属于在自由滑上扳回比赛的类型。明天，我想展现出属于18岁的表演，让自己过一个快乐的生日。"

羽生在发言中还不忘牵制一下前两名选手，他多少还保留了一些 17 岁的稚嫩。

在自由滑中，羽生顺利完成了第一个四周跳，然而第二个四周跳周数不足，只转了两周。但是，他现在绝不能放弃。在节目后半段，他完美完成了包含 2 个阿克塞尔三周跳在内的所有跳跃，与漂亮地完成 3 个四周跳的费尔南德兹仅相差 1 分，以 177.12 分位居自由滑第 2 名。

另一边，高桥大辅在自由滑中略有失误，成绩位居第 3 名。但凭借短节目的分差优势，高桥大辅首次在总决赛上问鼎冠军。羽生总成绩排第 2 名，首次将大奖赛总决赛的奖牌收入囊中。对羽生而言，与其说心中充满喜悦，不如说更多的是心有不甘。因为对他来说，这场自由滑是拿手的表演节目，不应该把第 1 名的位置拱手让出。

"我没能在自由滑中拿到第 1 名，心里很懊悔。虽说拿了银牌，但懊悔的心情更为强烈。我在索契总决赛赛场上留下的悔恨成了自己今后一定要变得更强大的回忆。"

曾被羽生认为是头号劲敌的陈伟群夺得铜牌。这场比赛让 14 个月后在冬奥会赛场上将一决高下的无形压力沉重地落在每位顶尖选手的心头。谁会把压力变成机遇，谁又会在重压下一败涂地？命运的谜题就这样呈现在眼前。

作为冬奥会奖牌的有力争夺者，羽生这两天把强劲对手们的心头搅动得不再平静。

他再次向自己起誓。

"以前我的目标是夺得冬奥会金牌。但是，后来发生了东日本大地震，我们得到无数人的支援，所以我的目标变了。现在已经不是我一个人在滑冰了，大家的支持和力量都融了进来。如果我能取得优异成绩，就能回报大家对我的恩情。冬奥会夺冠不是我的目标，而是我的起点。就像荒川静香女士开展震后援助活动一样，对我自己来说，如果说什么是向大家报恩的开始，那无疑就是冬奥会金牌了。"

新老王者的交替瞬间

无论对什么样的顶尖选手而言，全日本花样滑冰锦标赛都让人感到紧张万分和压力重重。更别说，大奖赛总决赛的冠、亚军还将在本次大赛中上演新老王者的巅峰对决。对高桥大辅和羽生结弦来说，2012年的全日本花样滑冰锦标赛成了人生分水岭的决战。

比赛场馆位于札幌市真驹内室内竞技场。作为 1972
年札幌冬奥会的比赛场地，这里依旧一片静谧，还保留着
当年的气息。选手们陆续入场，场外雪花纷飞。

羽生在短节目中凭借着曾两度刷新世界纪录的《巴
黎散步道》，得到 97.68 分，并打破日本国内非官方纪录。
高桥大辅在四周跳上出现失误，与羽生相差 9.64 分，暂
居第 2 名。

"我也到了跟别人一决高下的年龄，所以心里很紧张。
但是，正因为观众对我有所期待，所以我才感受到压力。
我没有把不负众人期待当成自己的义务，而是想要把它转
换成动力。"

把压力转换成动力。正值芳华的 18 岁少年吐露出激
情飞扬的心声。

接下来，高桥大辅在自由滑中展现出自己的实力。节
目开场，他出色地完成了四周跳，身姿优美轻盈，第二个
四周跳也稳稳落冰。伴随着配乐《丑角》的旋律，高桥大
辅的表演吸引了全场观众。

"我特意做了 2 个四周跳，因为我还不能输给晚辈。"

平时不曾把争强好胜表现出来的高桥大辅忍不住说出
了这样的话，他的表演饱含深情。高桥大辅的自由滑得到

192.36 分，总分是 280.40 分。这是名副其实的王者的成绩。观众陶醉在高桥的表演中，怀着敬意为他鼓掌庆贺。在这样的氛围中，羽生压轴出场。

羽生的后外点冰四周跳和后内结环四周跳虽谈不上完美，但也算是落冰稳定，后面所有的跳跃也是稳扎稳打，展现出一股紧追不舍的气势。这是决定日本"冰上王者"的关键一战，但稍显劣势的四周跳让羽生懊悔不已。不如说，他感受到对自我的不满，甚至还有种焦躁感。

羽生得到 187.55 分，自由滑成绩排在高桥之后。但凭借短节目的分差优势，他的总成绩位居榜首，首次在全日本花样滑冰锦标赛上夺得冠军。

"如果可以的话，我想在自由滑中排名第一，为我的首次夺冠锦上添花。"新老王者就这样交替了，我们可以深切地感受到年轻一代带来的冲击。

获胜后，羽生在记者招待会上不苟言笑，更准确地说是神色痛苦。直到这个夜晚，作为"冰上王者"，一直引领着日本花样滑冰发展的高桥大辅是个举足轻重的人物。年轻选手胜出意味着什么，自己的影响力，今后要肩负的责任，所有这一切应如何去承受？面对围绕着自己的错综复杂的情况，他有点儿不知应该怀着什么样的心情、表达出什么样的情感才好。

"对我而言，高桥前辈在所有方面都是我崇拜的偶像。我从小看他的比赛，他对我来说是很令人尊敬的存在。我在短节目上发挥较好，为获胜打下很好的基础，但是我还没有达到完全凭实力战胜高桥前辈的水平。"

奥瑟教练看到慌张失措的羽生，搂着他的肩膀说："你靠自己的实力赢得了比赛。新老王者交替的瞬间，你的内心感受一定很复杂。我也经历过这一切。即便现在不便喜形于色，也请以自己为傲吧！"

手握奖牌和获奖证书，羽生离开了比赛场馆。室外纷纷扬扬飘落的大雪已造成道路拥堵。他和奥瑟教练两人从尚未除雪的灌木丛中穿出，踏着没过脚踝的积雪，匆匆赶往选手等候室所在的建筑。

在羽生一路狂奔的赛季前半段传来了与花样滑冰无关的喜讯，原来是普通高等学校招生考试的录取通知书。比赛翌日，他带着几分庄重的神情，向记者分享了这个好消息。

"从 2013 年 4 月起，我将进入早稻田大学的人间科学部学习。因为我还在加拿大训练，所以会通过网课形式主修通信教育课程。"

　　　　　　　　　　　　　　羽生结弦：王者之路

话语间，他谈到"大学"这个词的时候，他稍稍加强了一点儿语气。世界顶尖的花样滑冰选手依然是个 18 岁的高考少年。接着，他语调柔和地说："2012 年我获得世界花样滑冰锦标赛奖牌时，只是站在领奖台的一角。现如今我远赴多伦多，环境改变了，也发生了很多事情，今年年底我站上了最高领奖台。一想到大家看到了我的进步，我就感慨万分。从东日本大地震发生那时算起，到现在也快两年了，我一直在努力奔跑，现在我想先休整一番再迎接新年的到来。"

　　激动人心的 2012 年即将过去，羽生留在仙台，和家人一起过了个好年。

"责任"和"荣誉"

　　新年过后，羽生前往多伦多进行训练。这个冬天，多伦多连日来都是零下 20 摄氏度的极寒天气。仙台虽说天气寒冷，但也不过在零下 5 摄氏度左右，因此羽生从未经历过如此滴水成冰的严冬。两个半月后，他的身体因受不了严寒而患上感冒。其间多次反复高烧，训练被迫中断了

10 天。他心急如焚，只想早点恢复训练，然而由于训练过度，左脚跟腱被扭伤了。

真正恢复训练时，转眼已到了 3 月。羽生发现，跳跃的感觉变迟钝了，最重要的是体力所剩无几。

2013 年 3 月 10 日起，世界花样滑冰锦标赛在加拿大伦敦市（与多伦多位于同一州）举行。唯一的幸运之处就是前往赛场比较轻松。踏入冰场后，羽生劲头十足地开始练习四周跳，但他的内心忐忑不安。

"总之，我觉得心神不宁。如果是平日里由压力导致的紧张，我会客观地分析自己，然后一笑了之。但这次是由于训练量不够，还有受伤等内心不安引发的紧张。我真的不知怎么办才好。"

在 3 月 13 日的短节目表演中，羽生不仅做四周跳时跌倒，就连勾手跳也出现失误，得分仅为 75.94 分，排名第九。这个分数比羽生的个人最好成绩低了 20 多分。看到得分如此之低，他反而清醒过来。

这是冬奥会前一年举行的世界花样滑冰锦标赛，换句话说，日本男子花样滑冰选手在此次比赛中的排名将决定他们是否可以获得冬奥会的参赛资格。为了给日本拿到 3 张冬奥会入场券，要么"摘金夺银"，要么"前两名的综合排名之和小于 13"。对于全日本花样滑冰锦标赛冠军羽生来说，最好是拿到冠军或亚军，最差也要跻身前 6 名，这是顶尖选手的责任。诚然，羽生在赛前就感受到了这种责任。眼下自己在短节目中位居第 9 名，已到了背水一战的关键时刻。

自由滑的出场顺序通过抽签决定。抽签时，羽生遇到了高桥大辅。高桥前辈对他说："如果你一蹶不振的话该怎么办？拜托了！"言语间透着"你是代表日本的顶尖选手"的意思。这句话深深地刺激了他。

"如果我不行了怎么办？自由滑一定要完成好。我一定要为日本队拿到足额的冬奥会参赛名额。"

随着正式比赛的临近，他压力倍增。这时，奥瑟教练发话了。

"羽生，你来到加拿大的这一年里，训练的时间远远超过休息的几个星期，训练的成果不会因为你稍作休整就消失不见。比赛就是比赛，要相信自己的实力。"

"话是这么说，但我依然害怕……"

羽生环顾赛场四周，看到奥瑟教练团队的 10 多位教练全部或站在冰场边，或坐在观众席里，还有大批粉丝从日本前来助阵。他知道电视机前还有无数的日本观众在为他加油呐喊。

"只能相信大家了,只能相信奥瑟教练说的了。即便跌倒,即便伤痛复发,我也不在乎了。我要奋力一搏!"

对羽生而言,转换状态的两个要素重合了,那就是"顶尖选手的责任"和"粉丝的支持"。被他人期待之时,他总能发挥出积蓄的能量。

羽生使出浑身力气,全身心地投入自由滑表演之中。他的后外点冰四周跳落冰干净利落,虽然后内结环四周跳失去了平衡,但随后的跳跃都完美落冰。休养导致他体力不足,表演结束时,他气喘吁吁,难以站立。

一曲终了,他双膝跪地,额头紧紧贴着冰面,喃喃自语。

"这次又是无数人赐予我力量。真的谢谢你们。"

羽生的自由滑得到 169.05 分。总成绩 244.99 分,暂居首位,最终成绩是第 4 名。

"一想到要为日本队争取足额的冬奥会参赛名额,就是脚再疼,我也在所不惜。尽管四周跳的成功率丝毫不见提高,我挑战了,努力了,但还是失败了。总之,我想着最后一定能行的,我就是这么想的。"

高桥最终是第 6 名。他们两人的排名之和是 10,成功为日本队保下 3 张冬奥会入场券。

3 月 15 日，自由滑比赛结束。自东日本大地震发生以来，时间已过去了两年。

"我总是跟自己说，你站在这里并不是理所应当的。事实上，我能带着伤痛完成表演，正是由于许多人对我的帮助和支持。在表演自由滑时，'越'过观众的拍子，'穿'过目之所及的粉丝们的助威，我用心感受到了这一切。"

冬奥会之前的赛季就这样结束了。羽生起誓，从现在开始，自己要治愈旧伤，然后积聚所有的力量继续向前奔跑。

6

冲击索契冬奥会

18岁~19岁

2013—2014

"我就是我。"

"从世界花样滑冰锦标赛结束的第二天起，冬奥会就开始了。"奥瑟教练这么说。

这也是奥瑟教练的老师道格拉斯教练讲过的话。

为备战索契冬奥会，自2013年3月起，他们就开启了这一年紧锣密鼓的行动计划。队友费尔南德兹留在多伦多，为冬奥赛季的节目编舞。早在世界花样滑冰锦标赛汇报演出之时，他就与奥瑟教练商量下个赛季的曲目，早早做好了准备。

羽生负伤参加世界花样滑冰锦标赛，在比赛中拼力一搏导致损伤加重。事不宜迟，他现在必须火速返回日本，接受细致的检查。这样的话，他启动训练就要比别人晚一些，但是，羽生只能把这看作备战冬奥会的一部分。

"运动员免不了受伤。练习四周跳时就会时不时地受伤。为了不被严重的伤痛困扰，我必须在冬奥赛季提升体能。通过训练核心肌群，提高身体机能，变得更强健。"

幸运的是，检查的结果只是"跟腱发炎"，并无大碍，后遗症也不会持续太久，但需要静养，一个半月无法上冰训练。羽生只能认为受伤本身也是一种收获。

"从积极的方面来看，在冬奥会前的赛季中，在最重要的比赛上受伤无疑是为自己找到了一个新课题：带伤参加比赛会是什么样的精神状态？又需要多少勇气？尽管负伤，我还是坚持滑完了自由滑，这些都成为我宝贵的经验。"

很快，羽生就着手准备冬奥赛季的节目。这一年，大家都带着自己最擅长的节目。如果不是冬奥年，选手有时为了促使自己进步还会滑不擅长的曲目，但面对四年一届的体育盛会，必须拿出最能体现自己风格的节目。关于比赛策略，无论是作为选手，还是教练，在冬奥会上身经百战的奥瑟教练都是值得信赖的人。

羽生的短节目《巴黎散步道》在上个赛季两度创下突破 95 分的世界纪录，可以说是他的最佳节目。他在节目中的表现力自不用说，而且整个曲目的跳跃也易于完成。

两人商量后，决定短节目继续使用《巴黎散步道》，只在编舞中做若干改动。

"回想起来，当我还在少儿组时，曲目就用了多年的《来自俄罗斯的爱恋》；在青年组时，我的自由滑曲目也用了两年的《帕格尼尼狂想曲》，第二年的时候就加入了2个阿克塞尔三周跳。这个曲子有助于我全情投入。我不敢妄言短节目会拿100分，但我会以此为目标，不断努力。"

同时，羽生还想到了把重点放在自由滑上。

"短节目表现比较稳定的话，我就可以把精力投入自由滑之中。这样我的综合实力也会提高。"

羽生的自由滑曲目选自电影《罗密欧与朱丽叶》（1968年上映）中由尼诺·罗塔作曲的同名主题曲。2012年，他就是凭借电影《罗密欧与朱丽叶》（1996年上映）的音乐夺得了世界花样滑冰锦标赛的铜牌，他的表演出神入化。虽然这两个是同名电影，但这次羽生选择了尼诺·罗塔版本的音乐。

"震后赛季中使用的《罗密欧与朱丽叶》是一首当年在我感到迷茫的时候，给予我支持和帮助的曲目，我也用它创造了好成绩。但更重要的是，从战胜地震灾害的视角来看，它在我心中是无可替代的。因此，这次我使用了同一主题《罗密欧与朱丽叶》的不同电影版本的音乐，我可以把相同的情感倾注在里面。"

对羽生来说，虽然在多伦多的这一年，滑冰水平可谓是突飞猛进，但并没有着力塑造自我。

"回顾这4年，东日本大地震发生之前的两年我在仙台，而后两年来到了多伦多。我想把这4年的情感全部融入冬奥会的表演中。"

毫无疑问，羽生对故乡仙台怀着深深的思念之情。夏季冰演时，他曾回到日本，并在仙台市内举办了面向媒体开放的公开训练日。关于公开训练日，奥瑟教练是这样建议的："许多媒体都想在冬奥赛季采访运动员，但是在赛季中多次接受采访会对运动员的身体和心理造成负担。所以，夏天的时候，可以把电视台、报社和杂志社等媒体集中起来，举行一个媒体公开采访活动。训练也对媒体开放，让他们给你拍照片、录视频。那一天就是媒体日。过完那天后，运动员就可以说'赛季开始了，我要好好准备了'，不再接受访问。要想登上冬奥会的领奖台，就要知道如何和媒体打交道。"

于是8月上旬的某一天，羽生在仙台的原主训练场仙台冰场举办了公开训练日，他向媒体公布了自己的新节目。在接受媒体采访的酒店房间里有个让人联想到电影《罗密欧与朱丽叶》的阳台。

凭栏眺望，眼前是仙台一望无际的茫茫绿原，比多伦多的更加浓郁。那是羽生自孩童时期起就再熟悉不过的以榉树和枫树为主的万顷碧波的颜色。

冬奥赛季开始了，他几乎没有时间再回故乡。他想把这柔美的绿色深深刻在脑海里。

"这里就像《罗密欧与朱丽叶》里面的阳台。嗯，有这种感觉。但是，如果我站在这里，那朱丽叶呢？"

羽生的口气仿佛在开玩笑似的，随后又一本正经地小声说："怎么说呢，人还是在困苦中才能悟出更多道理啊。"

他想起了东日本大地震发生时的那个赛季。

万千思绪浮上心头，他向媒体娓娓诉说起来。

"正因为在困境中，我才会全力去拼，坚持到最后一刻，真是又艰难又不安。但正因为心里忐忑，我才想着要竭尽全力去奋斗。惴惴不安的时候，我不会逃避，而会思索很多。两年前我跳《罗密欧与朱丽叶》时，恰逢震后赛季，我的内心千疮百孔，但坚持完成了表演。尽管我的短节目在世界花样滑冰锦标赛上排名第七，但我凭着无论如何也要坚持到底的信念完成了表演。不是为了谁，就是把自己的感受融入表演中，让观众从中感受到些什么。"

休息片刻后，羽生继续说：

"最终要相信很多东西。要相信教练、周围的人、粉丝，相信自己的训练成果，还要相信道具和冰面等一切。我从小就梦想着参加冬奥会，为了这一刻，我一直在努力。很想实现我的梦想，因此，我会拼尽全力。虽说如此，但不能特意制造出困境，就像不能在失火现场使蛮劲，那是不可取的。为备战冬奥会，困苦时我努力了，不安时我全力以赴了，我会重视内心的感受，就这样一天天地走下去。"

风吹过阳台，夏天已经结束了，傍晚时分的空气已带有几分潮湿，他深深地吸了口气。

"跳跃是我的武器"

冬奥赛季将至，羽生在脑海里重新梳理了一遍跳跃策略。自孩童时期起，只要闲下来，他就会不停地分析跳跃动作，很长时间都在不断地钻研和摸索。冬奥大战在即，

　　　　　　　　　　　　羽生结弦：王者之路

很有必要把以往的知识融会贯通，制订出最佳方案。

"距冬奥赛季开始还有两个月。在这期间，我很难在节目内容分上比陈伟群和高桥大辅前辈更胜一筹。因此，我只能不断地提高自己的技术分，一个接一个地完成跳跃，把自己擅长的旋转做得质量更高。我想精确计算一下，如何通过跳跃和旋转为自己加分。"

首先，从得分开始计算。

按照现行规则，男单自由滑需要包含 8 组跳跃，但不能出现重复。跳跃组合的毫厘之差就有可能导致得分为零。有时即使会出现失误，也还是挑战一下高难度的跳跃动作为好，而有时跳更简单的动作，效果反而会更好。要跳哪些动作、按照什么顺序，这些必须一一进行模拟。

"我要选自己能完成的最高难度的跳跃动作。完成理想的跳跃，不仅对花样滑冰很重要，还可以为表演增色。"

在思考理想的跳跃组合时，羽生脑海里浮现的只有一个词，那就是阿克塞尔三周跳。

"对我而言，阿克塞尔三周跳是我的起点。它是我最拿手的跳跃，跳法跟其他跳跃也有所不同。如果阿克塞尔三周跳完成得漂亮，表演分就有保障了。都筑章一郎教练指导我的时候，曾告诉我阿克塞尔三周跳是独特的跳跃动作，正因如此，我才花费了许多时间，练习了无数次才掌握了它的精髓。"

羽生的阿克塞尔三周跳不仅成功率较高，从某个角度来说，可以称得上是他的"秘密武器"。

"我的撒手锏就是'节目后半段得分提高 1.1 倍'和'由阿克塞尔三周跳开始的连跳'，这么一来，就可以实现两组跳跃和技术执行分加分的双赢模式。"

于是，羽生决定在节目后半段加入阿克塞尔三周接三周连跳和阿克塞尔三周接两周连跳这两组跳跃。

接下来，他还琢磨了一下四周跳，对各种组合的分数进行了比较。上个赛季，他的后内结环四周跳的成功率仅为 14.28%，一般情况下选手会考虑到它的风险太高，还是不用为好。但羽生给出了要做后内结环四周跳加后外点冰四周跳的结论，与上个赛季如出一辙。

"如果在节目里加上 2 个后外点冰四周跳，那么（规则上）可以重复的三周跳就没了，最后变成了阿克塞尔两周跳。那样的话，基础分就低了。但如果是两个不同种类的四周跳，跳跃的基础分就截然不同。如果这个赛季不试，那上个赛季我何必要不断挑战后内结环四周跳呢？所有的跳跃动作就是我的武器。"

如果在节目里采用 2 个后外点冰四周跳，那么无论什么样的高分组合，因为只有一个阿克塞尔三周跳，所以基础分仅为 71.42 分。但是，如果采用两个不同种类的四周跳，基础分就变成了 74.72 分。因此，主动出击很重要。

"原本能跳两个不同种类四周跳的人就很少。去年我的后内结环四周跳成功率还很低，为了今年能成功，去年我就把它放进了比赛节目之中。虽说去年成功率还不高，但我不会放弃。"

节目内容与基础分的比较（2013—2014 赛季前）

①羽生结弦———含有 2 个后外点冰四周跳

节目内容	基础分
前半段	
4T–2T	11.6
4T	10.3
3F	5.3
后半段	
3A–3T	13.86
3A	9.35
3Lo	5.61
3Lz–1Lo–3S	11.77
2A	3.63
合计	71.42

② 羽生结弦——含有两种四周跳

节目内容	基础分
前半段	
4S	10.5
4T	10.3
3F	5.3
后半段	
3A–3T	13.86
3A–2T	10.78
3Lo	5.61
3Lz–1Lo–3S	11.77
3Lz	6.6
合计	74.72

③ 陈伟群的节目构成

节目内容	基础分
前半段	
4T–3T	14.4
4T	10.3
3A	8.5
后半段	
3Lz–1Lo–3S	11.77
3Lz	6.6
3Lo	5.61
3F–2T	7.26
2A	3.63
合计	68.07

当然，羽生还预估了一下陈伟群的跳跃动作分值。不擅长阿克塞尔三周跳的陈伟群会采用一个阿克塞尔三周跳，再加上 2 个后外点冰四周跳。羽生算了一下能想到的最佳组合，认为他的基础分应该为 68.07 分。这样一来，两者的基础分就可以拉开 6.65 分的差距。羽生想，这样的话，无论陈伟群在节目内容分和完成分上拿到多高的分数，他都有十足把握能缩小分差。

"还是那句话，我只能将跳跃作为武器，果敢出击。要让别人看到我的优点和特长。"

首先是按照前面的计算，通过跳跃，基础分拿到高分，接下来要考虑的是如何获得技术执行分加分。

理想的跳跃

跳跃动作决定好了。此时，摆在羽生面前的首个课题就是后内结环四周跳。为了学习后内结环四周跳，他琢磨了所有模式。

首先能参考的就是费尔南德兹的后内结环四周跳。

"我对费尔南德兹的跳跃充满敬意，因为那才是无可挑剔的跳跃。我看到他的跳跃，心就会受刺激。为了让我的跳跃精益求精，除了参考他的跳跃，没有其他办法。"

每次看费尔南德兹练习跳跃，羽生都会忍不住叹气。因为看到对手近在眼前，他就容易产生"我可不想输""我想超越他"的求胜心理。他承认费尔南德兹的跳跃是完美的，因此想掌握这个秘诀。

"费尔南德兹的四周跳最妙的地方就是后内结环跳的诀窍与后外点冰跳的别无二致，看上去仿佛就是同一个模式的跳跃。用一个诀窍完成两种不同的跳跃，说明（核心）是多么稳定啊。"

他细细揣摩费尔南德兹的跳跃。

"我每天观察他的跳跃，注意到了原来后外点冰跳和后内结环跳，无论是旋转角度、旋转时手臂的角度，还是跃起时身体轴的角度都是一样的。"

然而，他却不能生搬硬套。究其缘由，是羽生和费尔南德兹的跳跃方法迥然不同。

"我的后内结环四周跳有点像阿克塞尔三周跳，这也有我擅长跳阿克塞尔三周跳的原因。我跳的时候，会把右腿抬高，就像跳阿克塞尔三周跳那样，然而费尔南德兹跳跃时没有抬高腿。我们在此处不一样，但之后的旋转都是一样的。"

对羽生而言，他不会舍弃迄今为止自己数次成功完成的后内结环四周跳技法，而去原模原样地模仿费尔南德兹。奥瑟教练的指导方针也是要"活用羽生原本的模式"。

于是，他的后内结环四周跳就变成了"费尔南德兹完美的后内结环四周跳＋羽生原先的后内结环四周跳"。

"两者一定在什么地方有共同点。一旦找到一个共同点，我就能以它为基础形成自己的后内结环四周跳。"

他不断地摸索。当他发现某个模式好，会一连数天进行跳跃训练，结果感觉又不对了，"那么这个还是不妥"。

"情况每天都有所变化。每次找到的诀窍，最终我都感觉哪里不对劲，我一直在不断探索。但是，这一年，我的后外点冰跳能力实打实地提高了，今年的后内结环跳达到了去年后外点冰跳的水平。"

羽生思索片刻，"这一年里后外点冰四周跳的成功率有了很大提高，同样，后内结环跳也必须加把劲儿"。

可是当时是怎样掌握好后外点冰跳的呢？他回想起2012年的情景。回忆过去类似的经验再进行比较，这是他成长进步的法宝。事实上，由于很多选手都会在节目中使用后外点冰四周跳，因此可供参考的视频资料比比皆是，羽生在比赛现场也能目睹和感受其他选手的表演。他还参考、学习了陈伟群和无良崇人等选手的四周跳。这时，他又回想起无良崇人前辈亲自教授他的情景。

在羽生眼里，无良崇人原本只是个很会照顾他人的大哥哥，但面对羽生这个强劲的对手，无良崇人依然热情地教授他如何跳四周跳。在2011年和2012年的夏季冰演时，一到中场休息时间，无良崇人就会针对后外点冰四周跳向羽生提出建议。

"会跳四周跳的人和不会跳四周跳的人对四周跳的看法截然不同。换言之，这就是明白那种感觉的人和不明白那种感觉的人之间的差异。这跟奥瑟教练对阿克塞尔三周跳做到了融会贯通，因此他教起来也如鱼得水是一个道理。我还是要向懂得四周跳的人请教。"

那么，周围能请教的只有一个人选，就是费尔南德兹本人了。

因此，2013年夏天，羽生请教费尔南德兹怎样才能跳好后内结环四周跳。最初，费尔南德兹一脸难以置信的表情，但他还是告诉了羽生几个诀窍。

那个夏天，羽生对完成后内结环跳的信心在逐渐增强。

冬奥赛季的初次尝试

冬奥赛季开始了。

最重要的是，羽生在两场大奖赛分站赛上都与陈伟群狭路相逢。

大奖赛系列赛由 6 场分站赛组成。根据规则，前一年的奖牌得主可以分别报名参加两场不同的分站赛，以确保他们在分站赛中不会相遇，同时保证每场分站赛的选手都实力均衡。换言之，前一年的冠军、亚军和季军不会在分站赛中相遇。

然而羽生前年排名第四，他并非想要和陈伟群正面对决。各站参赛名单一公布，没想到竟然在两场分站赛上与陈伟群不期而遇。再加上大奖赛总决赛，羽生连续 3 站比赛都要与陈伟群同台竞技。这 3 站比赛锻炼了他的内心，帮他确立了制胜的方法，也改变了他的人生。

首先，在加拿大分站赛前夕，羽生这样说道："我一定要赢了陈伟群。去年，他打破了我的短节目世界纪录，我真是不甘心，所以这次一定要一雪前耻。总之，我要在首站获得冠军，为挺进总决赛拿到积分。"

他把陈伟群视为强劲的对手。他在意 2012 年在日本分站赛上创造的短节目世界最好成绩 95.32 分被陈伟群在 2013 年世界花样滑冰锦标赛上打破这件事。面对冬奥赛季的首场比赛，羽生意气风发，心里萌生了各种各样的念头。

到了加拿大分站赛的比赛场馆，羽生只顾关注陈伟群的动态，无法把精力集中在自己的每一个技能和表演上。他只是情绪高涨。在这种精神状态下，他从来没有创造过好成绩。

羽生在正式比赛中出现了令人痛心疾首的失误，勾手跳只完成了一周，短节目成绩位居第 3 名，更别说刷新世界纪录了。

在自由滑中，羽生的后内结环四周跳出现失误，后半段的阿克塞尔三周跳也只完成了一周半。他原本精确计算过与陈伟群之间的基础分分差，但一周半的阿克塞尔跳让这一切功亏一篑。最后，他以比陈伟群落后将近 30 分的成绩获得加拿大分站赛银牌。

奥瑟教练这样评价他的状态："羽生过于消耗内心的能量。几周前他就铆足了劲，要跟陈伟群一决高下。他无法掌控自己。前面要放松一些，赛前再集中精神，这样做很重要。"

这与羽生的自我分析不谋而合。

"我太想赢了，导致我过于关注周围的情况，反而看不清自己，没能冷静客观地分析自己。我必须深刻地分析自己，用心去思考。如果不能做到全神贯注，那一切都是枉然。"

3周后（11月15日），大奖赛法国分站赛开幕。这一次羽生沉下心来，像别的选手那样把精力集中在自己身上。

在短节目中，陈伟群在羽生之前出场。他以98.52的高分刷新了由他保持的男单短节目世界纪录，观众席上爆发出暴风雨般的喝彩声。

"我会把情感注入心中，心无旁骛地表演。"

羽生一边喃喃自语，一边镇定从容地站在冰场上。

随着本赛季的曲目《巴黎散步道》，羽生出色完成了包含后外点冰四周跳在内的所有跳跃，并将自己的最好成绩提高了0.05分，创造了95.37分的新纪录。这是自2012年12月全日本花样滑冰锦标赛以来，羽生时隔5场比赛再出现的零失误表演。

在记者招待会上，赛前一直神色凝重的他神情也变得柔和起来，露出了笑脸。

"我现在的心情与之前在加拿大分站赛上的截然不同。虽然分数不敌陈伟群，但我拼尽了全力。我不去想能不能入围总决赛，排位如何，只是一心要在比赛中把自己会的东西、自己积累的东西全部展现出来。"

只有摒弃杂念、全身心地投入，才能发挥出实力，羽生充分确认了这种模式。

在记者招待会上，他侧耳倾听陈伟群的发言。有记者问到为什么能保持这么高的节目内容分时，陈伟群回答："之所以节目内容分高，是因为所有的技术动作正确完成，再加上用复杂的步法连接起整套节目。我充分利用好膝盖和脚踝，把体重完全落在冰鞋上。这样就能掌控速度的快慢，无论是步法、跳跃的助滑，还是衔接表演，都可以转化为丰富多彩的动作。我想正是这一方面得到了裁判的高度赞赏。"

羽生若有所思地点点头，把这些话铭刻在脑海里。记者招待会后，他这样说道："虽然同为零失误表演，但在节目内容分上，我比陈伟群落后了 3 分，在技术分上，我虽比他高出 0.38 分，但依然没能战胜他。他在记者招待会上的一番金石之言，我会去尝试一下。我的节目内容分比上一站（加拿大分站赛）有所提高，说明本赛季大家对我的表演更认可了，看来本赛季羽生结弦给大家的印象还不错，那我就放心了。"

自由滑更是展现了他成熟的一面。原本自己最在意的后内结环四周跳在起跳前因不走运卡槽了，只转了一周，羽生一着急，没想到拿手的后外点冰四周跳也失误了。然而，从这里开始，他一下子振作起来了。

如果内心摇摆不安，那么迄今积累的宝贵经验就会付之东流。"只是不走运罢了。"他喃喃低语着，把前半段出现的失误抛诸脑后。

到了节目后半段自己的得分点——技术动作时，他立刻全神贯注，之后的跳跃都稳稳落冰。

这是羽生在一年前的大奖赛总决赛中从高桥大辅身上学到的经验。即使出现失误，优秀选手也会在后半段努力提升表演效果，力争名列前茅。这也早已成为羽生的制胜方法。

接下来，他在等分席看到自己的成绩时一脸惊愕。尽管 2 个四周跳都失误了，但他依然获得了总分 263.59 分的好成绩，与大奖赛中自己的最佳成绩仅差 0.7 分。

"以往四周跳出现失误的时候，我不免会意志消沉，但这次我没有，节目后半段的跳跃一个接着一个都稳稳落冰，最后出色地完成了表演。我能够及时调整自己的情绪，这就是收获。"

之所以得到高分，是因为他的旋转和步法都得到了裁判的高度评价，再加上节目内容分也着实提高了。

"参加法国分站赛前，我尝试了各种各样集中精力的方法。配上乐曲，我能做到把注意力集中在旋转、步法和编舞上，精心打磨自己的表演，因此在比赛中身体配合得很好。"

另一边，陈伟群凭借在短节目和自由滑上无可挑剔的精彩表演，以自由滑196.75分、总成绩295.27分勇夺桂冠。他遥遥领先，又比羽生高出了30多分。

然而，羽生粲然一笑，就像冒险家看到巍峨险峻的山峰一样，内心激动不已，流露出欢欣雀跃的神情。

"能在两场分站赛上与陈伟群相遇，我真的是惊喜。我跟他之间还有分差，但这次面对陈伟群这个强大的对手，我没有受他影响，完成了自己的表演，这对我来说就是巨大的收获。"

"而且，"他继续说着，带着自信露出了笑容，"我觉得自己的巅峰时刻不是现在。我看到自己还有许多不足之处，分差也明确说明了这一点。我看到了陈伟群完美的表演，也越发觉得自己要更努力。他的滑行如行云流水，所有跳跃干净利落，简直是无懈可击。但是，我的巅峰并不是现在，我还有提升的空间。奥瑟教练也说，这次出现失误是件好事。我要把自己的辉煌时刻放在大奖赛总决赛上。"

羽生从一开始就意识到这两场大奖赛分站赛只是踏板而已。他身上有种与 18 岁的年龄不相符的沉着冷静。

奥瑟教练也用洞穿一切的温柔目光注视着自己的爱徒。

"迄今为止，羽生都只顾着练习跳跃，有点忽略编舞，但这次他的表演激情四射、强劲有力。他才 18 岁，有的同龄人还在青年组，而他已成为成年组的顶尖选手。他还要通过比赛积累经验，让心理不断变成熟。这两场大奖赛分站赛对他来说是难得的体验。我在冬奥会上两度摘银时已是 22 岁和 26 岁的年纪。我会把冠军思想传授给他，但羽生还要以更成熟的心态参加冬奥会。"

除陈伟群和羽生，町田树也成功入围大奖赛总决赛。一夜过后，羽生再次回顾自己的比赛。

"如果自由滑中的后内结环四周跳完成得漂亮，那么技术分就能超过 100 分，我有这个信心。我不会分心去想町田树和陈伟群，表演好自己的节目就会有好成绩。我很想赢，我不甘心，想变得更强，想看到久违的金色。我逐渐觉得如果自己全神贯注地表演，就一定会赢得比赛。这是个平衡问题。兴许我的注意力集中方式有点发生变化了。"

"平衡"，这是个洋溢着强大力量的新词。

大奖赛总决赛的自由滑比赛日正好在羽生 19 岁生日的前一天。大赛即将拉开帷幕，他开始意识到自己的心理变化。

"羽生算式"的胜利

加拿大分站赛和法国分站赛落下帷幕。羽生一回到多伦多，就开始分析起自己在这两场分站赛上的心理状态。

"在加拿大站比赛时，我一心想要赢陈伟群，也多次脱口而出'我要击败陈伟群'，结果没能做到心神专注。在法国站时，我在短节目比赛中做到了全神贯注。在短节目赛后的记者招待会上，我留心倾听陈伟群的发言，想从中吸取点什么。自由滑的时候，我无意识地就把自己与陈伟群的分差、自己要如何努力、自己的分数等问题抛到九霄云外去了。"

一旦捕捉到自己在这两站比赛中的心理变化，羽生就自然而然地做好了备战大奖赛总决赛的思想准备。

"我对自己的心理进行了透彻分析。我懂得了在某种心境下应该怎么做。现在我可以不用去琢磨对战陈伟群的策略了。"

在与陈伟群同台竞技的两场分站赛中，羽生对劲敌近在眼前时自己的心绪波动情况已了然于胸，可以说他找到了对战陈伟群时的心理控制方法。正因如此，他在大奖赛总决赛上只要关注自己的内心就可以了。这次在"对战自我"的情境下，他必须探索心理变化，寻找制胜利器。

"虽然心里面'我想赢，我想变得更强大'的念头很强烈，但我还是信心十足地告诉自己'要专心致志，把节目表演好，就一定会赢'。我集中注意力的方式有所改变。"

羽生一面凝神注视着陈伟群的背影，一面坚实巩固好自己的立足点。迎来大奖赛总决赛之际，冬奥会金牌也在一点点向他靠近。

被喻为"命运之战"的大奖赛总决赛在日本福冈拉开

序幕。作为冬奥会前哨战的大奖赛总决赛其实是冬奥会花样滑冰项目的风向标。国际滑联和日本滑冰协会的官员们一反常态，饶有兴致地关注着比赛的走向。冰场室内的温度管控、冰面质量的管理等都被严格纳入管理范围。

选手中，羽生表现得沉着冷静，好像身处另一个世界。

"与两场大奖赛分站赛相比，这次我在大奖赛总决赛上的心境不一样了。"

羽生在短节目中的所有跳跃都干净利落，旋转和步法也丝毫不见焦虑情绪。他呈现了一场完美的《巴黎散步道》表演。日本的粉丝们向冰场投掷的花束不计其数，他高举双臂，向起立鼓掌的全场观众致敬。

羽生以 99.84 分打破了 3 周前由陈伟群打破的男单短节目世界纪录。奥瑟教练一边激动地振臂高呼，一边说着："我以羽生为傲！他付出这么多努力，（有这样的结果）真是太好了！"他给了羽生一个大大的拥抱。

"看到分数我大吃一惊。我没想到会得这么高的分。我聚精会神地做好每一个动作，就获得了好成绩。接下来，我要精雕细琢，为观众奉献更好的作品。"

另一边，陈伟群因跳跃失误，短节目成绩位居第 2 名。但对陈伟群而言，最大的打击莫过于节目内容分输给

羽生结弦：王者之路

了羽生，那原本是羽生无法超越的部分。陈伟群的信心因受挫而有了一点点动摇。

在自由滑中，羽生进入了新境界。虽然在节目开场的后内结环四周跳落冰摔倒，但他在法国分站赛上已经历过"即使四周跳出现失误，只要后半段努力去拼，依然能获得好成绩"。

他快速转换心情。

"后内结环四周跳是我思虑过度了，满脑子想着注意事项。我要完成好后外点冰四周跳。"

随后的后外点冰四周跳成功了，后面的 7 个跳跃接连漂亮地完成，羽生发挥出稳定的跳跃能力。节目进入后半段，他明显由于体力不支导致速度下滑，但他被雷鸣般的掌声鼓舞着，拼尽全力滑完了整个节目。最后的旋转摇摇晃晃，眼看着就要摔倒，一曲终了的瞬间，他膝盖一软，伏在了冰面上。

大家都在等待着自由滑的成绩。按场边的奥瑟教练所预想的，从跳跃的内容来看，羽生夺冠应该问题不大。

果然，羽生以 193.41 分的高分刷新了自己的自由滑最好成绩。短节目和自由滑的成绩均高居榜首。

他首次摘得大奖赛总决赛的桂冠。奥瑟教练一副"果然如此"的表情，脸上浮现出一抹微笑，用右肘碰了碰他。这个成绩完全出乎意料，他一脸难以置信，连连摇头。

"我没想到能取得这么好的成绩。坦白说，这个分数太高了。多伦多的教练们知道滑行和体能是我的弱项，这是大家齐心合力帮助我的结果。我会把它视作期望分值，在下次比赛之中要表现得更为出色。"

羽生还没有从紧张情绪中走出来，再加上意想不到的完美表演，他许久都没有露出温柔的笑容。他深知面对冬奥会前哨战的胜利，不能喜上眉梢。

"这次夺冠纯属偶然。我的短节目成绩较高，自由滑也发挥得不错。但总决赛是总决赛，冬奥会是冬奥会。我和陈伟群在 3 站比赛角逐竞技，多亏了他，我在本赛季才有了较大进步，我对此心怀感激。此刻我不再把他当作对手。幸好有他，我才能摸索出属于自己的风格。我会找到自己的节奏备战冬奥会。"

陈伟群对羽生来说已不再是劲敌。3 年前在大奖赛俄罗斯分站赛相遇时，对羽生而言，陈伟群还是"神一般的存在"，是他难以跨越的障碍。当然，这次胜利并非意味着羽生已完胜陈伟群。"不再把他当作对手"这句话不

　　　　　　　　　　　　　羽生结弦：王者之路

是指力克对方，而是说告别了带着对抗的意识而战斗的模式。

那天晚上，羽生通过细心计算才发现，陈伟群在比赛中表现出色，唯一的失误就是原本的四周接三周连跳变成了四周接两周连跳。这才是关键。

依据赛季初制定的"羽生算式"，若双方都漂亮地完成所有跳跃，那么羽生的技术分会比陈伟群高出 6.65 分。当陈伟群出现三周跳变成两周跳的失误时，他们的分差就扩大到 9.35 分。这样一来，即便陈伟群的节目内容分再高，他也回天乏术，无法缩小分差。事实上，他们双方各有一个跳跃失误。尽管如此，还是羽生获胜。这可谓是"羽生算式"的功劳。

另一边，面对羽生的"致命武器"——缜密的技术分计算，被步步紧逼的陈伟群也感到极度紧张。

"在自由滑比赛前，我有点害怕，我拼命回想自己在科罗拉多州训练时是多么快乐，滑得是多么自如。总之，年底我会见见朋友，悠闲地度过这段时光。"

曾三度站在世界之巅的陈伟群在这 3 年里首次在赛后表示甘拜下风。从年底到年初，这种不安一点点地侵蚀着他的心。

男单自由滑比赛的第二天，羽生没有见任何人，他一面观看女子比赛，一面仔细琢磨着跨越式进步所蕴含的意义。究竟拥有什么样的心理状态才能拥有最佳表演？他必须构建出无论何时都能重现的制胜方法。

"很早以前，我就开始观察各类花样滑冰选手，一心想要从他们身上学到东西。但是，我在这个赛季不再研究目睹的技能，而是开始分析强敌近在眼前时自己的心理状态。在加拿大分站赛时，我分析了自己在面对陈伟群时的竞争意识和紧张情绪。在法国分站赛时，我在短节目和自由滑上最终做到了全神贯注，全身心地投入比赛。以往我会时刻关注陈伟群，研究他在比赛中的一举一动，而现在我能够重新审视自己集中精力的状态，思索自己要呈现什么样的表演。"

这一天正是他的 19 岁生日。

"18 岁终于结束了。我的 18 岁全是成长的课题啊！"

羽生开启了通往 19 岁的大门。强烈的竞争意识曾是这位少年的力量源泉，如今，他已蜕变成能冷静分析自我的青年了。

"羽生结弦就是羽生结弦"

大奖赛总决赛结束后,羽生留在日本参加2013年12月20日开幕的全日本花样滑冰锦标赛暨冬奥代表选拔赛。身为大奖赛总决赛冠军,他已在冬奥代表选拔中抢得先机。在紧张刺激的比赛氛围中,他依然做到了心无旁骛。

羽生的短节目以零失误获得103.10的高分(日本国内非官方纪录),位居榜首。

"这次我拼尽全力了,也很享受比赛过程。"他从容、淡定地说道。

在自由滑比赛中,尽管他后内结环四周跳出现失误,但其他跳跃都顺利落冰。这仿佛是大奖赛总决赛的情景再现,他以总分194.70分的高分,蝉联全日本花样滑冰锦标赛冠军。然而,面对同大奖赛总决赛一模一样的情景,他心有不甘。

"虽然我拿了高分,但真是不甘心。与在大奖赛总决赛上一样,我坚信即便自己做后内结环四周跳跌倒了,后半段依然能获得不少分数。话虽如此,但我还是想呈现完美的表演。"

第二天,日本花样滑冰冬奥会参赛名单一公布,羽生还是喜笑颜开。

"坦白地说，我心里美滋滋的。这是我的起点。眼前还有许多课题，我会一个个解决好，迈出坚实的步伐。"

2012年的全日本花样滑冰锦标赛因新老王者的巅峰对决而备受世人关注，比赛气氛紧张刺激，羽生也顶着巨大的压力。然而，2013年他是在完全不同的心境下获得了冠军。他再次感受到了自己的成长与进步。

"以前，我满脑子想的都是要赢得比赛。事实上，现在的我也会想着获胜，那依然是我努力上进的源泉。虽然我很重视这个念头，但是我逐渐意识到学会转换情绪也很重要。这是我与陈伟群在大奖赛的三度角逐中再次领悟到的。保持平衡很重要。"

当被记者问到"作为全日本花样滑冰锦标赛冠军参加冬奥会，你的心情如何"，羽生意识到自己并没有拘泥于这个头衔。

"我只是我。我不是别人，我就是羽生结弦。我只要在冬奥赛场上做自己、拼搏出成绩就好。小时候，我曾观看过2002年盐湖城冬奥会上普鲁申科与亚古丁的强强对决，自那时起，获得冬奥金牌就成了我的梦想。虽说如此，但并不是说我去参加比赛只想着对手、想着夺金。我不会过分拘泥于冠军的身份，我觉得能在多大程度上挑战自我，能在多大程度上集中精神，这些很重要。"

羽生一定会把迄今为止学到的东西都作为制胜利器，用语言表达出来。

距索契冬奥会开幕只剩一个多月。带着紧张不安的情绪，他迈进了 2014 年。

"只要像平时那样滑，在冬奥会上就会出现奇迹"

为备战索契冬奥会，在全日本花样滑冰锦标赛结束一个月后，由奥瑟教练率领的羽生结弦和费尔南德兹就开始继续"平日训练"。重要的就是要和平时一样。

奥瑟教练自己曾两度获得冬奥会花样滑冰男单银牌，他还把金妍儿送上了 2010 年温哥华冬奥会的冠军宝座。奥瑟教练教导他们二人："虽说是冬奥会，但我们不会因此做什么特别的事情。两年来，我们为备战冬奥会辛苦训练，也收获了各种不同的成绩。这两年都是模拟赛，接下来我们就要走上冬奥赛场，像往常参加比赛一样，只要发挥出自己的实力就好。我们不是要去做与众不同的事情。

只要像平时那样滑，在冬奥会上就会出现奇迹。因为那就是冬奥会的意义。"

不需要过度兴奋和紧张，也不需要过度训练，需要抑制住激动雀跃的心情，奥瑟教练和他们二人做着平日的训练。

羽生因要参加花样滑冰团体赛，在 2014 年 2 月 6 日将迎来首场比赛；而费尔南德兹仅参加个人赛，所以 2 月 13 日才开始首轮比赛。对羽生而言，肩负团体赛和个人赛，日程安排跨度长。如何创造出巅峰，他和教练制订了精密的计划。

随后，他们决定正式比赛前 3 天抵达赛场，就像往日一样。按照日程安排，2 月 3 日夜，羽生抵达索契国际机场。

在机舱里，他像往日那样一面在脑海里做着意象练习，一面小憩片刻。在睡梦中，他不断练习着后内结环四周跳和后外点冰四周跳。

那时，地面上已有来自世界各国、超过百人的媒体记者在翘首以待羽生的到来。外国体育新闻媒体做出预测，声称"金、银牌将分属羽生结弦和陈伟群"。作为金牌的最有力争夺者的羽生抵达了索契国际机场。

羽生身穿笔挺的日本代表团灰色套装，出现在冬奥代表团专用的绿色入境通道。年轻的心，斗志昂扬。

"在大奖赛总决赛时，我曾来过索契，那时祈愿再来一次。这次如愿以偿，我满心欢喜。看到为数众多的媒体记者，我感受到冬奥会的阵仗，激动得心怦怦跳。"

外国记者问他是否有把握斩获金牌。

"冬奥会有所谓的怪圈，我无法预测每位选手发挥如何。我会全力以赴，我觉得如果呈现出最好的表演，就会获得好成绩。"

第二天，羽生在主冰场与普鲁申科一起训练。除了冬奥会那种不可思议的氛围，冰场上还有不同年代的偶像选手。他一边坚持着在大奖赛总决赛中收获的自己的节奏，一边充分体会着心中的喜悦之情。

"我相信自己的感觉，像往日那样完成了表演。普鲁申科并没有影响我的发挥。虽然我情绪高涨，但还算能冷静地分析自我。"

他非常从容淡定地答道。你分辨不出他是过于压抑自我，还是真的沉着自如。随后，他露出天真烂漫的神情。

"我的纸巾盒是迪士尼（维尼熊图案）的，由于不便携带，我把它放房间了，现在觉得好孤单啊。"

作为治愈小物品，他从未离身的维尼熊纸巾盒因冬奥赞助商的规定未能携带。羽生平日不怎么说笑，但这个孩子气的玩笑成为他在花样滑冰团体赛前的最后发言。

形成鲜明对照的二人

2014 年 2 月 6 日迎来了花样滑冰团体赛的首个比赛日。放眼望去，赛场内的俄罗斯国旗数不胜数，空气中回荡着为俄罗斯助威的喝彩声。这个只为俄罗斯欢呼的会场在花样滑冰比赛中实属罕见。然而，对全神贯注的羽生而言，加油喝彩只不过是来自遥远世界的回声。

"观众的呼声高涨，我的表演将点燃全场。"

羽生对此深信不疑。他的短节目《巴黎散步道》的表现堪称完美，获得 97.98 分，名列榜首，并为日本队争取到 10 分。

一回到加油席，他甚至还从容地对铃木明子等人提出建议。

"俄罗斯观众的欢呼声太大了，6 分钟热身时，我都听不到播报员说'还剩 1 分钟'，所以还是多留心为好。"

之后，被媒体问及对此次比赛是否有信心，他闪烁其词起来。

"有没有信心不重要。说起信心，赛前突然忐忑不安的时候就会手足无措。我只是想着倾尽全力就好。"

被问到7天后即将举行的花样滑冰个人赛，羽生这样回答："就像1月日本高中校际比赛紧挨着日本国民体育大会那样，想着两场比赛只是离得比较近就行了。"

媒体记者简直不敢相信自己的耳朵，在冬奥赛场上居然听到了不合时宜的，让人回想起日常生活的"日本高中校际比赛和日本国民体育大会"。这是他为了保持自己的平常心，故意在媒体前说的。"说出的话就会留在心里"，这个他自孩童时期就有意识使用的制胜方法在冬奥赛场上也派上用场了。

在多年的赛场征战中，羽生对如何保持平常心早已驾轻就熟。然而，对于在连续的团体赛和个人赛中如何保持最佳状态，他仍处在摸索阶段。"比赛前一周先让状态有所下滑，比赛前3天再提升状态，这样就能以最佳状态进入比赛。"这就是日常比赛中绝妙的巅峰时刻。

羽生调整到位，让团体赛恰逢他的最佳状态。接下来，他在个人赛中更要保持极佳状态。巅峰状态即使只相差一天，也会有很大差别。团体赛短节目表演的第二天，他休息了一整天来缓解疲劳。在 2 月 11 日，他的后内结环四周跳和后外点冰四周跳的精准度提高了。

这时，媒体记者开始留意到练习冰场里的一个异常事件，那就是陈伟群不在状态。羽生的竞技状态越佳，他们之间的差异就越发明显。冬奥赛季之初，两人的状态就已悄然发生变化。

事实上，陈伟群早在 1 月 31 日就率先现身索契国际机场。

"早点来，好熟悉一下冰场。"

2 月上旬，陈伟群以最佳状态不断完成了四周接三周连跳。不过，他抱怨着"在媒体面前训练很累人，有种身体渐渐被掏空的感觉"，跳跃的精准度日渐下滑。

回顾往昔，陈伟群在大奖赛总决赛上失去信心之时，两人的命运齿轮就已开始往相反的方向转了。对于羽生来说，好兆头一点点降临在了索契之地。

花滑史上的大突破

2月13日迎来了花样滑冰男单短节目比赛。索契冬奥会共有18个比赛日，那一天正逢第8天，也是赛程快过半的日子。黑海沿岸的索契天有些阴。

前一天，决定男单短节目出场顺序的赛前抽签结束。羽生排在全场第19位出场。

冬奥会短节目的出场顺序确实是决定人生的砝码。看到抽签结果，他用开玩笑的口吻说道："第19个出场，真不愧是我的手气。我将在最后两组共12名选手中打头阵。"

想要斩获金牌，说老实话，在短节目之中也应该在最后一组出场比较好。尽管裁判评分并不是相对的，但在最后两组共12名选手中率先登场能拿到多高分数，这一点尚未可知。

不过，较早出场可以消除不必要的紧张。6分钟热身后，羽生率先登场。身体还处在温热状态下的他神色轻松，开始了《巴黎散步道》的表演。所有的跳跃干净利落，他以奋力高举右臂的姿态结束了比赛。他精神振奋，仿佛在大喊"我的表演如何"。

看到 101.45 分的那一瞬间，羽生用力地振臂。他成了花样滑冰史上短节目成绩突破 100 分的第一人。

"我没想到会突破 100 分，总之我太开心了！在冬奥会这个盛大舞台上突破 100 分，作为日本人，我无比自豪！今天我紧张得腿直发抖，这和团体赛可不一样。我时刻意识到要保持向前冲的劲头。"

另一边，陈伟群在做阿克塞尔三周跳落冰时跌倒了。短节目中的一个失误令他扼腕痛惜。表演结束后，教练安慰着怅然若失的他。但看到 97.52 分的那一瞬间，陈伟群笑了，眼里开始闪着亮光。

"我丝毫不担心目前暂居第 2 名。我的阿克塞尔三周跳失误了，没想到还能获得 97.52 分。羽生获得 101.45 的高分真是了不起。在自由滑比赛中，我会按自己的节奏来，只要做自己能做到的事就好。"

羽生与陈伟群相差 3.93 分，但谁能笑到最后，还要看自由滑的发挥。这个分差完全可以被逆转，因为两人的实力旗鼓相当。众人皆知，接下来就是心理素质的较量了。

在短节目后的记者招待会上，两人谨慎发言，相互牵制。

　　　　　　　　　　　　羽生结弦：王者之路

陈伟群谈到温哥华冬奥会，强调自己经验丰富。

"重要的是不拘泥于奖牌的颜色，为自己人生中的那一特殊瞬间表演。参加温哥华冬奥会时，我非常紧张，虽然想冲击奖牌，但没能发挥出自己的水平。我不会重蹈覆辙。明天我会展现出自己的风格，享受在冬奥舞台上的表演。再加上自由滑是我的强项，我会以一种对羽生紧追不舍的精神状态享受自由滑比赛。"

另一边，羽生勇敢地提到陈伟群的名字，谈及自己的成长。

"本赛季，我和陈伟群三度角逐竞技，我学会了如何做到心神专注。多亏了他，我的心理调整也做得很好。明天我也要心无旁骛地比赛。"

记者招待会始终被紧张的气氛笼罩着，结束时已是凌晨 1 点，两人疲惫不堪地离开了会场，接下来要等摆渡车，返回冬奥村。再加上洗澡和康复理疗，休息时想必已是凌晨 3 点多了。

但是，第二天早晨的公开训练是 10 点多开始，安排得特别早。考虑到还要起床收拾，羽生 8 点就要从冬奥村出发。

坦率地讲，索契冬奥会的组织策划难以用完美来形容。这可是 4 年一届的体育盛会，运动员会在这几天里全力以赴，而这个紧密的日程安排很难让他们发挥出最佳水平。

"我会以我的节奏，做我想做的事"

自由滑比赛当天，陈伟群带着一身疲倦在上午 40 分钟的公开训练中不断练习四周跳。

踏上冰场 5 分钟后，羽生完成了一个漂亮的四周跳，配合着音乐又完成了两种不同的四周跳，仅仅训练了 20 分钟就开始放松拉伸了。更令人惊奇的是，当其他选手的乐曲《大河之舞》响起时，他在轻快的节奏中竟开始模仿别人的步法，一副轻松惬意的表情。

"比赛和训练大不相同。能倾尽全力滑好我心爱的花样滑冰是多么幸福的事。我会以我的节奏，做我想做的事。"

两人朝着不同的方向行进。羽生眼里充满了向冬奥金牌发起冲击的成就感。

他 15 年的花样滑冰人生开花结果的时刻，一点点近了。

羽生结弦：王者之路

备战索契冬奥会以来，成长的日子仿佛电影镜头一般，一幕幕闪现在眼前。

14岁初次挑战青年组时，羽生发表了这样的宣言："我要成为传奇人物。如果我能摘得首枚日本男单花样滑冰冬奥金牌，史上首次完成阿克塞尔四周跳该多好啊！我想在历史上留下名字！"

2010年10月，16岁的他这样说道："要成为世界顶尖选手，我最后的障碍就是高桥大辅和陈伟群。但是眼下我的第一个难题就是四周跳。我要变得更强大，3年多后我要参加索契冬奥会！"

17岁的春天，他远赴多伦多，对奥瑟教练讲道："我要在索契冬奥会上勇夺金牌，还要在2018年平昌冬奥会上蝉联冠军。"

怀揣冬奥梦的他挑战了全新体裁的音乐时："两年后就是索契冬奥会，那时我就19岁了，我需要有风格成熟的表演。"

18岁的生日恰好在索契的赛场上度过，面对一年后的冬奥会，他的斗志更加高昂。

"倘若我能参加冬奥会，还是想拿冠军。我的心很不平静，想着自己能否在冬奥会上成为日本男单花样滑冰的骄傲。"

18岁的最后一天，羽生首次在大奖赛总决赛中击败陈伟群，站在世界之巅。

"本赛季，我与陈伟群三度竞技角逐，我找到了备战冬奥会的节奏。"

他确实感到，自己正一点点地朝着梦想不断向上攀登。

2014年2月14日，男单自由滑比赛拉开序幕。几位顶尖选手的出场顺序依次是：费尔南德兹第19位出场，高桥大辅第20位出场，羽生结弦第21位出场，陈伟群第22位出场。这样羽生就可以不用看陈伟群的得分完成表演了。

不愧是冬奥会男单自由滑，比赛的进程令人始料不及。羽生在开场的后内结环四周跳跌倒了，他没有慌乱，随后的后外点冰四周跳完美落冰。然而，罕见的是他在接下来的后内点冰三周跳出现失误。

极度的紧张消耗着他的体能。本应该以饱满的体力参加冬奥会，但随着节目进入后半段，他的体力被耗尽了。

"腿好沉。"

一瞬间，负面情绪向他袭来。

在勾手三周接后外结环一周接后内结环三周的连跳中，他没能做到流畅自如，后内结环三周跳得零分。

羽生完成最后的旋转，以膝盖落冰的姿势纹丝不动。他就那样用手撑着，久久没有起身。滑完自己的首届冬奥会，他凝视着冰面。

"完了，我得不到金牌了。"

羽生的自由滑成绩为178.64分。这与12月他创造的个人最好成绩193.41分相比，低了将近15分。总分280.09分。他默默地仰头看着分数，一言未发，心头泛起万千思绪。

然而，之后的陈伟群也失误连连：阿克塞尔三周跳失误了，就连阿克塞尔两周跳也失误了，自由滑得到与羽生几乎同分的178.10分。羽生凭借着短节目的分差优势，稳居榜首。

羽生站在赛场的走廊里接受媒体采访。他几乎认定自己的分数锁定亚军了。他被记者包围着，淡然自若地不断评价着自己的表现。冬奥赛场上的媒体数不胜数，持续不断的采访让他没能在显示屏上观看陈伟群的表演。远方回响的陈伟群的节目音乐一结束，他立马在走廊处的显示屏画面中确认自己的排名。上面显示羽生结弦是第1名，陈伟群是第 2 名。

"我是第 1 名？这是真的吗？"

他思绪纷乱，不知如何品味这份突如其来的喜悦。突然，媒体扑上来开始请他发表获胜感言。"我太震惊了。我对自己今天的表现并不满意。"他一时语塞。

在接受各国媒体采访之时，奥瑟教练满面春风地冲到他面前。

"祝贺你成为冠军！"

他给了羽生一个结实的拥抱，乐得合不拢嘴。

这是羽生荣登冬奥宝座的第一个拥抱。此时此刻，命运发生了重大转变，而他正站在转变的中心。

1 小时后举行的奖牌获得者媒体见面会被些微阴郁的气氛笼罩着。国外媒体对羽生的提问清一色是关于震后的心境，因为冠、亚军在自由滑中的表现都不尽如人意。见面会上竟没有一丝喜庆的氛围。羽生这样回答："今天我在 6 分钟热身时就很焦躁，身体没有活动开，但是我想着无论在何种状况下都要拼尽全力，我努力了。我之所以赢得比赛是因为在短节目中发挥出色。"

陈伟群也发言了。

"我终于卸下了这 4 年里肩负的重担。虽然我并不满意自己拿了银牌，但我全力以赴了。"

他们二人都在自由滑中有较多失误。然而，这是他们勇于挑战自己不擅长的跳跃动作，甘于冒险的结果。羽生挑战了成功率较低的后内结环四周跳，陈伟群挑战了个人弱项阿克塞尔三周跳。

羽生，No. 1

一夜过后，羽生开始回顾往昔。

"每一次与陈伟群在赛场上交锋，我都重视在失败中思索，想着如何才能超越自我的极限。冬奥会的短节目舞台对我来说是很有帮助的，但是自由滑依然很难。冬奥会真的是变幻莫测。我非常热爱花样滑冰，下一个 4 年，我会专心致志朝着更高的目标进发。"

他接下来的日子是参加一系列的活动，公务缠身。赛后的早上 9 点 30 分，羽生在日本奥组委的媒体室接受了记者采访，还接到了日本前首相安倍晋三的越洋祝贺电话。

"我非常高兴能成为日本首位男单花样滑冰冬奥金牌

的获得者。同时，作为日本人，我在世界最高舞台上获得了很多支持和帮助，能获得金牌，得到这么高的赏识，我由衷地感到自豪。为了无愧于冬奥冠军的身份，做一个实实在在的日本人，我将每天努力下去。"

然后，他回顾了自己15岁时的梦想。

"日本首位女单花样滑冰冬奥冠军是荒川静香，而我摘得了日本首块男单花样滑冰冬奥金牌。我们都来自宫城县。我一直追寻着冬奥金牌梦，一想到它真的实现了，便不禁满心欢喜。仙台是我出生、成长的地方，小时候姐姐先于我开始学习滑冰，我是跟着姐姐在仙台接触到了滑冰。正因为有仙台，才成就了今天的我。"

晚上10点，羽生在颁奖典礼上手捧金牌。2月索契的夜晚有着俄罗斯意想不到的暖意，一穿上官方深蓝色的羽绒运动服，就会令人汗流如注。冬奥主火炬高耸在天空下，圣火熊熊燃烧。面向圣火，羽生凝视着徐徐升起的日本国旗。不知是感受到圣火燃烧，还是心中激情澎湃，他的脸红了。

"日本国歌奏响，作为日本人的羽生结弦迎来了引以为傲的一刻。这枚金牌不是我一个人的功劳，这里面凝聚着迄今无数帮助和支持我的人的心血，因此这是大家共同的荣誉。我激动得说不出话了，深切地感受到自己语言贫乏。现在我不再去想那些不甘心的事了，我想沉浸在这一刻的幸福之中。我感受到获得金牌的激动，却什么都说不出来，我还没有好好欣赏它。之后我会仔细看看金牌，与家人和关照我的人分享这份喜悦。"

他微微仰起头，目光没有落在金牌上，右手悄悄地抚摸着金牌。面对媒体不断闪烁的镁光灯，他的右手一直没有放下来。

之后，羽生积极接受来自美国有线电视新闻网、《纽约时报》等海外媒体的采访。他还观看了女子单人滑的比赛，为浅田真央等选手加油。在索契，无论走到哪里，身为冬奥冠军的他每天都会被要求发表对比赛的评论。然而，他丝毫没有露出沉醉于索契冬奥冠军头衔的神情。

"并不是说我成为冬奥冠军就没有强劲的对手了。我还有劲敌，还有目标对手，退役选手中也有我一直崇拜的、想要成为的选手。我只是赢得了一场比赛。在我心中，冬奥会就是一场比赛。因此，我不认为自己是被其他选手追赶的对象，因为无论何时，我都会一路向前狂奔。"

在索契逗留期间，他利用完赛选手所拥有的短暂训练时间开始备战世界花样滑冰锦标赛，尤其以出现失误的自由滑为主，配着音乐展开训练。

"世界花样滑冰锦标赛也是一项重要赛事。我还没拿过世界花样滑冰锦标赛的金牌，只拿到过铜牌，因此我要努力向大家呈现精彩的节目。"

作为奖牌获得者，羽生参加了索契冬奥会的闭幕式，于2月24日乘坐日本冬奥代表团专机回日本。换言之，比赛结束后的10天内，他都在索契逗留。全身心地感受花样滑冰乐趣的他迫切地想早一点开启新的训练。

"拿到冬奥金牌的那一刻我非常开心，但是随着日子一天天过去，我越发觉得心有不甘，现在我想练习各种各样的四周跳。因为我的愿望就是成为史上完成某个跳跃的第一人。"

这样说着，他又开始谈起新的四周跳。

"进入休赛季后，我会开始练习新的四周跳。后外结环四周跳，我已达到了单脚落冰、可以向外滑出的程度。感觉状态不错的时候，我试着练习了两天勾手四周跳，感觉还略有不足，但周数已到位。此外，我还练习了阿克塞尔四周跳（实为四周半）。我转了四又四分之一周，是在周数不足、跌倒的状态下跳的。我有个愿望，如果我有充沛的体力，就会设法完成这5种四周跳。

"我还在练习连跳呢。阿克塞尔三周接后外点冰四周的连跳旋转已没有问题。目前我还无法单脚落冰，不过稍加训练，我就可以做到。但是在实际的比赛节目中，我绝不会使用四周连跳。究其原因，还是在节目后半段加入2个四周跳，得分会更高。那么为什么还要练习呢？仅仅是为了提高自己的士气，提高自身的实力。同时，要是阿克塞尔三周跳接后外点冰四周跳的连跳能成功落冰，那么单个的后外点冰四周跳就变得简单多了，我的心情也会变得从容镇定。总之，还是为了提高自己，赛季结束后，我会抓紧训练。"

一旦开启四周跳的话题，羽生就滔滔不绝，停不下来。因为被问到冬奥夺冠感言，所以他又谈及了自己的新目标。

"拿到冬奥金牌我很开心，被世人关注也让我欣喜万分，但我没有变，我还是大一新生羽生结弦，我要做自己。"说完此番话，他与索契挥手作别。

"羽生结弦狂潮"

羽生回日本了，等待他的是一股前所未有的、全民追捧的"羽生结弦狂潮"。尽管他在索契时每天都被媒体记者团团围住，但一回到日本，他发现自己已完全成为日本的偶像，每一天都过得令人难以置信。官方活动一结束，他就匆匆启程返回多伦多，想要集中精力投入训练。

2014年3月，作为冬奥冠军的羽生迎来了在埼玉超级竞技场举办的世界花样滑冰锦标赛。毫无疑问，门票销售一空。许多观众纷纷赶来，就是为了一睹他的风采。比往日更热烈的气氛倾注到他的身上，在日本他已经无法一个人出门了。在这样的生活状态下，不知不觉间，他的节奏也被打乱了。

在公开练习中，每当跳跃稳稳落冰，观众席就爆发出阵阵喝彩，羽生明白自己受到了过多的关注。

正式比赛开始了。十分罕见的是，在短节目中因后外点冰四周跳周数不足，他跌倒了，仅获得91.24分，位列第3名。明明是胸有成竹的跳跃，竟然摔倒了。

"我有点过于自信或者说松懈了。因肩负冬奥冠军的头衔而太过自信，这是我自己的问题。毫厘之差导致了四周跳的失误。"

羽生比位居榜首的町田树落后将近 7 分。以暂居第 3 名的身份参加记者招待会的他瞬间点燃了斗志。

"我对自己感到很生气。我无法原谅现在的自己。"

自由滑比赛的清晨，在公开训练中，一旦四周跳的动作不协调，羽生就会用平板电脑拍下视频，仔细地确认跳跃模式。他毫不在意周围人的目光，全身心地投入训练。

在正式比赛中，羽生的后内结环四周跳和后外点冰四周跳都完美落冰。他一鼓作气，以零失误完成了自由滑。每当跳跃稳稳落冰，观众的欢呼声就一浪高过一浪，他被赛场的热情鼓舞着，使出浑身气力。一曲终了，他跪坐在冰面上，感慨万千。

看到分数的那一瞬间，羽生向周围的人询问"我赢了吗？我赢了吗？"，当得知自己位居榜首时，他高举双臂，兴奋得跳了起来。他以 0.33 分的微弱优势战胜町田树，问鼎世界花样滑冰锦标赛。

"这全凭我的意志和拼劲儿。因为我一定要赢的念头非常强烈。自由滑真的很开心。这是本赛季中我进步最大的一场比赛。"

索契冬奥会期间，为了不让自己被所谓的"冬奥怪圈"吞噬，羽生每天都告诉自己"要保持一颗平常心""要像往常一样"。但是，他的力量源泉依然是斗志。最终，他回归初心，放手一搏。

"面对平昌冬奥会，我并没有觉得必须要做些什么。因为我热爱花样滑冰，酷爱跳跃，所以只做自己喜欢的事就好。我会朝着更高的水平进发！"

在仙台和多伦多的闪耀着金色光芒的 4 年就这样画上了句号。

接下来，新的 4 年征程开启了。

7

王者的证明

19 岁~20 岁

2014—2015

"今后必须挑战自我。"

休息，休息一下

索契冬奥会冠军——羽生背负着这样一个头衔，生活也开始变得忙碌起来。他在仙台参加了由9.2万人组成的凯旋游行，访问了首相官邸，参加了天皇与皇后举办的茶会和游园会，进行了40余场冰演以及数次公开表演、拍摄广告……

斗志昂扬的日子不断远去，面对着镜头和粉丝，他始终配合着绽放笑容。

有一个地方让羽生感到自己不是"偶像"或"冬奥冠军"，而是一个"运动员"，那就是位于多伦多的"蟋蟀俱乐部"。只有在那里，他才能不顾一切，真正做回自己。

在那里，羽生用两年的时间蜕变成冬奥冠军，在训练场的练习环境中，无论是设备还是工作人员，与日本一般的冰场都有所不同。

从市中心乘 30 分钟左右的地铁，再沿着美丽的枫树林住宅街步行，面前就出现了一道白墙。正如其名，这里以宽阔的板球场、花样滑冰和冰壶场地为主，并配有网球场、拳击练习场、游泳池、壁球等 10 余种运动设施，还设有高级公寓、酒吧、舞厅等。正式会员的入会费和年费每年合计超过 500 万日元，是多伦多最高级的俱乐部。富裕阶层的男女老少在这里通过运动挥洒汗水，也可以见到他们悠闲享受葡萄酒和美食的身影。正因为是会员制，所以对于一流运动员来说，这里也是一个在强有力的安全保障下可以心无旁骛地投入训练的空间。

俱乐部内拥有超过 50 年历史的冰场，是花样滑冰运动最好的训练环境。冰下铺满沙子，有助于减缓跳跃落冰时带来的冲击。和一般在混凝土上铺冰的场地相比，这种冰场能够更好地防止膝盖和股关节受伤。冰也是由抽去空气的、纯度更高的水冻结而成，因此冰面更加光滑。使用这种冰面，练习者较容易摆脱错误习惯，更容易练成基础扎实而优美的冰上技术。

而最让俱乐部骄傲的，是宛如艺术作品般的精致木制顶棚。在这样优雅的空间和环境当中，运动员自然会不断掌握更加优美的冰上技术。

　　这样的硬件自不必说，即使是工作人员，俱乐部也是下了很大功夫的。

　　在日本的普通冰场里，教练和队员是一对一（或一对多）进行授课，在同一个冰场内通常不与其他教练共享训练情况。

　　但是"蟋蟀俱乐部"有一个团队，该团队大约有20位教练、60位顶级选手以及大约400位滑冰爱好者。主教练奥瑟承担最重要的角色。这个团队由擅长滑冰技术的崔西·威尔森、编舞师戴维·威尔逊和具有国际滑联技术董事资格的佩奇·艾斯特洛普、田径教练员、按摩师等专业的工作人员组成，为所有选手服务。

　　2007年，奥瑟教练成为这个训练场的主教练时，曾有过如下考虑。他说："现在规则繁杂，需要专业的知识体系。我们通过集结各领域专家，可以打造最高水准的服务。绝不能片面地认为我一个人就能代表世界最高水准，或者认为我一个人能够包揽跳跃、旋转、表演等各个方面的教学内容。"

组建一支集各种才能的教练于一体的团队之后，"若希望选手赢得比赛，不能只教会他们掌握技术，更要从选手的整个竞技生涯出发，对其进行指导。我们有必要进行全方位管理，跟选手交流滑冰以外的事情，要关心他们在备战时的心理层面，偶尔还要变更队内教练等。因此非常有必要建设跟公司组织运营相同的团队体制"。

他就像干练的经营者一样，组建了一支具有统率力的运营团队。

2012 年夏天，羽生去多伦多的主要动机是"想近距离看看费尔南德兹跳跃"，他开始实际训练时说："由多个精通于各自领域的教练进行联合指导，这一体制很厉害。"于是他下定决心融入布莱恩团队。

在这里，不存在谁是最强的教练、谁是最强的选手，因为大家是"每个人尽自己的一份力共同前进"的团队。没有人会过度尊敬羽生，或者对他区别对待。

"蟋蟀俱乐部"对于羽生而言，是他作为冬奥冠军的新开始，是一个神圣的空间，那里也让他感觉到自己能够找回获得冬奥冠军之前的日常状态。

"我想永不停止，不断精进"

冬奥会之后，很多选手开始选择休养或退役，但是奥瑟教练和羽生两个人从没说过要停下脚步。参加的演出和庆祝会等隆重活动越多，羽生就越想沉浸在冰雪世界里。

"我滑冰时的心态并没有因为自己在冬奥会中获得金牌而产生变化。冬奥会只是一场普通比赛。我想继续做现役选手，继续做一个竞技者。既然作为一个竞技者，我当然希望自己变得更加强大。在新赛季到来之时，在不同的地点、不同的赛场，我想展现不同的自己，面对不同的观众，我依旧要用尽全力。"

另一方面，奥瑟教练还可以根据自身的经验，判断羽生正处于什么样的状态和心境之中。正因如此，奥瑟教练做好准备，等待羽生的回归，确保无论他什么时候归来，都可以凝神投入训练。

索契冬奥会之后，羽生的日程安排得很满，他趁着间隙再次回到多伦多已是 5 月末。谈起新赛季，他这样说："到 2013 年为止，我练习了两年时间，完成了短节目《巴黎散步道》这部作品，但我不想停滞于此，而是希望有所进步。那么我现在的技术有哪些不足呢？我认为自己现在最疏忽的反而是滑冰、芭蕾和漂亮的身姿这些基础部分。也就是说，在基础能力和表现力的提高上并没有一个简单明了的答案，需要再用 4 年的时间进行训练并且有所进步。"

奥瑟教练也说道："羽生可以在熟悉的曲调下轻松完成四周跳，表演也很熟练。但是 4 年很长，如果他在 2018 年的平昌冬奥会上被人说'表演还是一成不变啊'就糟了。如果他感觉跳跃和表演都越来越容易，那就应该挑战新的风格。"

二人商讨后决定，羽生新的短节目将挑战钢琴曲，编舞则依旧委托《巴黎散步道》的编舞大师布特。

羽生说："因为没有故事和主题，所以表达钢琴曲非常困难，完全抒发出自己的心境也不容易。我希望自己的表演空间更大，所以选择了钢琴曲。"

于是，布特为他选择了肖邦的《第一叙事曲》。优美的曲调会给表演加分，所以必须在练习的时候就播放乐曲。这首钢琴曲很轻柔，但能引起情绪上的共鸣。

布特认为"在所有的古典音乐中，最棒的就是钢琴曲"，他的编舞也表达了《第一叙事曲》的世界观。编舞细致而柔美，没有丝毫多余的动作。在曲子安静下来的时候，表演也会突然放松力量。这样的编舞是"只为延长时间"还是"为了更深刻地体会"，与表演者的感性表达密不可分。羽生非常喜欢这个编舞。

"古典音乐中没有故事情节，因此如何表现并传达给观众是非常困难的。我希望在表演时让自己的表现能力更具多样性，所以选择了这首曲子，希望可以让观众觉得'即使是这么难以跟上的节奏，羽生也能表演得这么棒'。"

羽生不断在脑海中回想布特独特的编舞，又录下练习时的影像不断观看。

他说："首先要尽可能地做好编舞师编排的动作，还要在表演中体现出自己的风格。因为这首钢琴曲非常舒缓，所以在表演过程中要尤其注意表演的深度，做到张弛有度。只有做到每一根手指都仔细练习过，才能表达出整个节目的精髓。"

编舞完成后，羽生在奥瑟教练和"蟋蟀俱乐部"的其他教练面前进行了表演。首先，他在冰场的中央摆好开始的姿势，《第一叙事曲》的音乐声开始响起，有大概 15 秒的沉默。羽生似乎将观众的期待也融入自己的姿势中，在这个万籁俱寂的瞬间，他仿佛从静默中抽身出来一样开始舞动。时间缓缓流淌着，大家都感受到这位冬奥冠军散发出的独特气场，看到了他的真本领。

奥瑟教练笑着说："这节目可以说只有冬奥冠军羽生才能完成。一种不可思议的自豪感和特殊气质从他体内自然地流露出来，舒缓的动作反而让人觉得有几分威严，很有范儿，扣人心弦。"

《歌剧魅影》的初次尝试

他的自由滑曲目选了安德鲁·劳埃德·韦伯创作的音乐剧《歌剧魅影》，这是羽生自小就渴望表演的曲目。随着本赛季允许选择声乐这一规则上的变化，他选择使用了加入了魅影歌声的戏剧编曲。

"这实在是我特别喜欢的乐曲，我从中学的时候就想着有机会的话一定要表演这首曲目。这首曲子是以魅影为主体进行编曲的，但我的表演并不是那种爆发力很强的类型，所以我希望能演出属于我自己的独特的魅影。我特别喜欢这首曲子，所以我一定会用这首曲子进行创作。"

羽生认为这是一首能展现自己风格的舒缓乐曲，正因如此，他向奥瑟教练提出，希望自己能在技术方面挑战超高难度。

"我希望自己和 2013 年相比有所改变。我会在本赛季自由滑的后半段表演四周跳。如果将 2 个阿克塞尔三周跳和四周连跳都放在节目后半段进行表演，全世界目前没有其他人能够做到。"

当然这一切现在还处于策划阶段，但也属于前无古人的挑战了。放入自由滑后半段的"阿克塞尔三周接后外结环一周接后内结环三周连跳""阿克塞尔三周接后外点冰三周连跳""后外点冰四周接后外点冰三周连跳"，无论哪个放在前半段，都属于超高难度的动作。如果全部成功，跳跃环节的评分将会比上个赛季高出约 5 分。

羽生说："在后半段加上 3 个四周跳、2 个阿克塞尔三周跳，即使是对于我来说，也很有挑战性。想要完成这个挑战，关键在于体能的训练。"

于是，从那个夏天开始，他就改变了训练方法。在那之前，主要是把节目的每分钟都划分开来进行的"局部训练"；从上个赛季开始，四分半钟的全场训练不间断地进行着，这样的训练增加到了每周七八次。

"现在每天的训练中我都会把整首曲子表演完。我现在也知道了哪个部分最消耗体力，以及在后半段疲劳的状态下进行跳跃应该如何发力。"

为了滑完整场，他拼尽全力，感觉累得要昏倒，每天都以参赛的心态训练，突破了自己的体能极限。

"2013 年的大奖赛加拿大分站赛，是我改变训练方式的一个契机。那时离冬奥会开幕还有半年，我惨败给了陈伟群。我想不从根本上改变自己是不行的，所以改变了训练方式，调整为整场练习。这样一来，我的体力慢慢可以支撑自己滑完全场，我也深刻感受到了滑完全场的重要性。"

在全场练习总共四分半钟的时间里，即使摔倒两三次，羽生也一定会练习完所有动作。到了后半段，他总会气喘吁吁，速度有所下降。每当这个时候，所有教练会边喊着"Go（加油）！ Go！"，边拍手鼓舞他向前。每天滑完全程之后，他总会有新发现。

"日复一日的练习，让我有了很多收获。我感觉到自己的四周跳速度和跳跃前滑行的轨迹，每天都在发生变化。在每天的全场训练中，我也感觉到前半段的四周跳和后半段的四周跳在力量放松等细节上有一些区别。"

2014 年夏天，在温度只有 5 摄氏度的滑冰场里，羽生每天挥汗如雨，忘却了冬奥冠军这一沉重包袱，只是在每天的训练中不断敏锐地感受着自己的成长。

作为冬奥冠军的精神准备

羽生和奥瑟教练在 4 月之后几乎没有时间可以静下心来一起训练，7 月末，他们通过翻译进行了一次深入的长谈。二人对以往和之后每天的训练进行了比往常更为详细的交流。这是羽生在面对 4 年后的平昌冬奥会时，依旧能在心境上保持初心的一次重要谈话。

奥瑟教练体谅他的心情，告诫他道："我自己在 1984 年夺得萨拉热窝冬奥会银牌，备战 1988 年的卡尔加里冬奥会时，也感受到控制好自己的心境其实是非常困难的。在冬奥会获得奖牌之后，别人看待我们的眼神会发生变化，我们自己对于粉丝期待的我们和真实的我们之间的差别也会感到迷茫。完成一个目标之后，设定一个新目标会变得更加困难。即便如此，我们也要时刻希望自己变得更加强大，不论结果如何，都要一如既往地保持对花样滑冰的热爱，这就是促使自己不断成长的秘诀。以后你或许也会经历这样的痛苦时期，但是我会向你分享自身的经验，陪伴你不断成长。"

羽生听后向奥瑟教练提问道:"我在获得了冬奥会和世界花样滑冰锦标赛的金牌之后,感受到从未有过的压力。教练您面对这种情况会如何处理呢?压力发生了什么变化吗?"

奥瑟教练在 1984 年夺得萨拉热窝冬奥会的银牌,1987 年在世界花样滑冰锦标赛中夺冠,又在 1988 年的卡尔加里冬奥会夺得银牌。还是现役选手时,他作为加拿大花样滑冰男单的王牌选手,长年担任加拿大国家队的领军人物,是国民明星选手,也曾经背负如此重压。

奥瑟教练说道:"有的选手在拿到冠军后为恢复竞技状态要付出很多努力,所幸羽生你很喜欢新挑战,一直在不断进步。你应该最清楚,自己一定要不断进步才行。虽然已经是冬奥冠军,但是竞争对手也是层出不穷的。我在经历了萨拉热窝冬奥会之后,也迎接了新挑战,这让我感觉到迎接卡尔加里冬奥会的 4 年时间也只是一瞬间而已。"

通过与奥瑟教练的一番谈话,羽生认识到:"无论到什么时候,都要保持一种'不断努力,不断成长'的心态。而且年轻选手的成长对于我来说也是一种新的刺激,对于年轻选手的追赶,我十分欢迎。因此,为了自己能够不断进步，我也会不停地迎接新挑战。"

"这是神秘影像哦。"奥瑟教练边说边给羽生看了自己的苹果手机中保存的视频。这是奥瑟教练于 1985 年利落完成后外点冰四周跳的训练视频。后外点冰四周跳在正式比赛中是由科特·布朗宁于 1988 年率先完成的，奥瑟教练居然在那 3 年之前就已经完成了这个史无前例的四周跳。

奥瑟教练说："其实我没有在正式比赛中挑战过，因为我那时的成功率只有 50% 左右。根据当时的评分标准，没有十足把握的话，我是不会挑战的，所以阿克塞尔三周跳是我的秘密武器。当然啦，能否在比赛中使用另当别论，重要的是要挑战自己的极限。"

羽生看了这个视频之后，眨巴着眼睛不止一次地惊叹道："太厉害啦，多漂亮的后外点冰四周跳呀！我都不知道教练还会跳四周跳。难道只有在比赛中成功完成的才算全世界第一个完成的吗？！教练当时的情况和我现在为了突破自己不断练习后外结环四周跳和勾手四周跳是一样的。教练真的和我有着一样的经历。"

羽生抬头看着奥瑟教练，目光就像一个少年看着他崇拜的偶像。他发出了强有力的宣言："我始终相信，虽然我夺得了冬奥会的金牌，但并没有因此而满足，而是始终保持着不断变强的动力。我会重新振作自己的精神，相比于去年，今年的我是完全不同的，希望今年我也可以获胜。"

二人彼此凝视，心照不宣地点了点头。奥瑟教练回答道："可以说你现在的目标不是追赶别人的步伐，而是要在花样滑冰中不断突破自身的极限。你最大的动力，就是保持在男子花样滑冰中的领先地位。"

羽生点了点头，向奥瑟教练表达了自己接下来 4 年的规划和想法："备战索契冬奥会的 4 年时间是不断成长的 4 年，我第一次完成了阿克塞尔三周跳、后外点冰四周跳和后内结环四周跳。但是到下届冬奥会，我就 23 岁了，所以未来的 4 年将和之前有所不同。运动员进入 20 岁之后，身体是有极限的，很难像十几岁时那样不断提升和成长。所以，保持一种'不断努力，不断成长'的心态特别重要。"

在羽生结束首次冬奥征程的夏天，二人作为师徒和少数对人生产生共鸣的伙伴，约定再次一起出发。

风起云涌的新赛季

索契冬奥会之后的新赛季开始了。陈伟群决定在2014—2015年赛季进行休养，赛场上也没有了普鲁申科的身影，可以说这是开启新时代的4年。

对于羽生来说，这是作为冬奥冠军迎来的新征程。在大奖赛系列赛的首站分站赛，即中国分站赛中，"重压之下如何保持高昂的斗志"成为他的课题，他第一次表演了肖邦的《第一叙事曲》，不仅在表演方面进行了新挑战，还针对比赛在跳跃方面狠下了功夫。羽生把后外点冰四周跳放在节目后半段，得到了1.1倍的基础分。

"进入后半段，我会感到更加疲惫，旋转之后也会有点头晕，对于时机和发力的把握以及身体反应等都会产生变化，如果不集中精力去跳是很难完成的。"

虽然羽生从初春就开始训练后外点冰四周跳，但是成功率一直未见提高。明明可以完成四周跳，即使是在短节目的后半段，在体力上也应该能撑下来，但是他始终把握不好力量、姿势和跳跃中的一些微妙细节。

"速度、力量、时机和跳跃姿势有很多的共同之处，只要我掌握其中一个细节，其他就会不攻自破，但我还没有做到。我掌握了后外点冰四周跳的诀窍，但是一到后半段的四周跳，我就抓不住其中的细节了。"

他对此不断钻研，却还是没有找到问题所在。并且，如果不是在节目的后半段表演四周跳，只是单独练习四周跳也没有什么意义。必须不间断地跳完整首曲目，在做完前半段的所有跳跃之后，在疲劳状态下进入后半段四周跳的训练才有意义。

"整场练习虽然困难，但必须进行。尤其是在今年，我必须在后半段表演中加入四周跳，否则怎么能说自己取得了进步呢？"

羽生将自己整场练习的强度设定成冬奥赛季的双倍，忘我地进行着训练。

奥瑟教练也一直守护、陪伴着他。

奥瑟教练说："问鼎冬奥冠军后的首个赛季，外界关注度果然还是不一样啊。虽然羽生无意改变，但和之前的精神状态已全然不同。更何况他还是那种'不想辜负周围人的期待，想让大家都开心'的孩子，比起满足自己的期待，他更想成为大家期待中的完美样子。"

大家对羽生的期待就是冠军，虽然没有明说，但是他的心态还是在不知不觉中受到了影响。

他心中始终有一些不安，在这种不安中，迎来了大奖赛中国分站赛的短节目表演。

虽然羽生在 6 分钟热身中可以轻松完成后外点冰四周跳，但是他心里总觉得"单凭这个，达不到训练节目后半段四周跳的效果"。果然，比赛时，他脸上还是写满了不安。

节目开始有大约 15 秒的静默，然后大幕缓缓拉开。和上个赛季不同，这个赛季的曲目非常舒缓，羽生的阿克塞尔三周跳姿态优雅，但是后半段的后外点冰四周跳只完成了三周。就连勾手三周跳，他在落冰时也乱了步法。

表演结束后，他深深地叹了口气——得分为 82.95 分，名列第 2 位。比他的最高得分低了 18 分之多。

羽生说："因为我在训练的时候，后半段四周跳的成功率就不是很高，再加上要做新的动作，所以心里总是感到不安。我很焦虑，总之今年无论如何也要在后半段完成四周跳。"

羽生总是"虎视眈眈"地向着目标前进，很少能从他口中听到"焦虑""不安"这样的词。这次羽生示弱了，他越说越多，从对自己的不满开始，最后变成了不甘与懊恼。

"我觉得如果在一开始就完成四周跳是完全可以的，但是我还没有找到在节目后半段这个条件下完成四周跳的方法。我会在这次比赛中吸取教训，重新开始。表演成这样，我是没法回加拿大的，这样的表演简直让奥瑟教练蒙羞。"

在随后的记者招待会上，羽生笑容僵硬，在台上反省了自己。他认为从明天开始，自己一秒都不会浪费，重新壮志满怀。

"是的，6分钟热身没能为正式比赛做好铺垫，因为我那时觉得6分钟热身时完成的四周跳不是节目后半段的四周跳。但是，明天的6分钟热身将为了比赛做准备。"

羽生想把6分钟热身当作这次比赛中的实战的念头越来越强烈。当时谁也没有想到，这会在第二天酿成"事故"。

"我可以滑！"

羽生和奥瑟教练在第二天早上的公开训练中表现出与前一天晚上完全不同的状态。他在冰场旁有节奏地舞动着身体，好似对比赛有些迫不及待的样子。

奥瑟教练认为"用冬奥冠军队伍的气势，可以牵制其他队伍"。他把维尼熊纸巾盒用力地放在冰场的挡板上，散发出的气场似乎足以让其他教练无法容身。在这场训练中，羽生、奥瑟教练，甚至维尼熊身上都散发出一种"我们是冠军"的气魄。

然而，刚刚营造出的气场并没有起作用，羽生的首个后内结环四周跳还是没有成功。他在公开训练时间马上就要结束时，总算完成了10次后内结环四周跳，终于在落到冰面之前滑到了预定落地位置，手触到了冰面。此刻他斗志昂扬。

晚上，正式比赛开始了。19点42分，羽生开始了6分钟热身。如今的他在中国也超有人气，现场响起"加油"的尖叫声和呐喊声。可是就在一分半钟之后，悲剧发生了。羽生一直想要练习倒滑，他和中国选手闫涵都有速度上的优势，二人在向后滑的时候越来越靠近，转身的一瞬间发生了碰撞。

惊叫声响彻全场。虽说碰撞事故在滑冰训练中时有发生，一般情况下，双方都会立刻站起来，但两人撞倒之后一动不动。血从羽生脸上流了下来，热身就此停止。

羽生被医护人员抱起来，拖着左脚走向冰场旁边时，他面色苍白，眼神涣散。

奥瑟教练立即叫来了美国队的医生。场上的中国医生不懂英语，现场又没有陪同的日本医生，奥瑟教练知道美国队带了医生，所以做出了这一决定。

日本队的陪同训练师给羽生头部和下颚做了紧急止血措施后，立刻把他交给美国队医生诊断。很显然羽生撞到了头，奥瑟教练问医生："羽生是脑震荡了吗？"

医生通过诊断，发现他虽然受到了擦伤和碰撞，但是他的头没有撞到冰面上，所以没有脑震荡。事实上，在发生碰撞的时候，羽生的头撞到了闫涵的胸部；摔倒的时候，羽生的下颚撞到了地面，并没有撞到头。

倘若医生没有叫停比赛，那是否继续比赛就由选手自己和教练决定。

奥瑟教练说："你没有必要在这里逞英雄，不要勉强自己。"但是羽生只是不停地说："我可以滑！"他心里从没有出现放弃的念头。奥瑟教练在向多位医生确认羽生可以继续参赛之后，终于点头同意。

比赛现场的广播没有对这场事故进行任何播报，观众依旧嘈杂地呐喊着。在事故发生仅仅 10 分钟之后的 19 点

52 分左右，羽生头上缠着止血绷带回到了赛场，还穿着冰鞋。

"他还要滑！""结弦，加油！"现场响起了更大的助威声。现场再次开始了 6 分钟热身，参赛选手都聚集过来，却不见闫涵的身影。羽生离开冰场，在走廊里寻找闫涵的身影。

"闫涵在哪儿呢？"

闫涵决定不参加 6 分钟热身，直接参加比赛。

6 分钟热身开始，这比预定时间晚了 13 分钟。其实羽生当时无论是心理还是身体都没有准备好。他练习了后外点冰四周跳，却双手触冰，随后挑战了后内结环四周跳，但也摔倒了。不难发现，这样的状态并不适合参赛，可他要参赛的念头没有丝毫动摇。

比赛开始了。按照出场顺序，闫涵在第 4 位，羽生在第 5 位。闫涵在即将出场前，还是决定要继续参加比赛，并在上场前来到羽生身边，说"一起加油吧"。羽生也坚定地回答道："这只是一次意外事故，不是谁的错。我们一起集中精力比赛，一起加油。"

无论如何，二人还是互相道歉并握了手。虽然自己受了伤，但他们依旧关心对方。这样的自然流露让我们看到了顶级运动员的大气。

闫涵上场表演了。在闫涵结束表演前20秒，羽生来到冰场边，他抖抖受伤的左脚，鼓足力气。在羽生进入冰场时，奥瑟教练指着头和胸口祈祷说："要冷静，要相信自己。"

羽生也做着同样的动作。

他滑到冰场中心，做起了后内结环跳。他还是要表演后内结环四周跳！即使发生了事故，羽生的目标也不是继续参加比赛，而是完成高难度的表演，这就是他作为冬奥冠军的信念。

毋庸置疑，羽生的表演一开始状态非常不好。因为受到强烈撞击后身体无法用力，所以无论是开场的后内结环四周跳、后外点冰四周跳，还是最拿手的阿克塞尔三周跳，他都摔倒了。羽生总共摔倒了5次之多，赛场里甚至能听到他因疼痛而呻吟的声音。

即便如此，羽生还是坚持完成了一个阿克塞尔三周跳。表演结束，他失神地望着顶棚。

奥瑟教练在观看表演时说："居然以这样的状态上场了。不能再去等分席了，必须让他尽早进行治疗。"他边说边将担架安排在走廊里。选手在这样的国际滑冰赛事中不去等分席是要交罚金的，奥瑟教练只说："（罚金）交就交吧！"

羽生表演完成时状态非常差，甚至连戴刀锋套都需要奥瑟教练帮忙，但是他说："我要去等分席。"

因为向担心自己的粉丝微笑致意，是选手的义务。

奥瑟教练很惊讶，心里想着："真是个傻孩子，都到这个时候了，怎么还记挂着粉丝呢？在这样的状态下参赛多危险啊！可是这样的羽生结弦真是让人由衷地赞赏。"

二人在等分席等待得分。羽生最终以237.55分的成绩位居第2名，向获得大奖赛总决赛的参赛资格又靠近了一步。他心中充满了斗志，但也充满了不安、难过、喜悦等各种情绪，不禁掩面而泣。

赛后，医护人员用担架把羽生送到了医务室。他在医务室接受了手术，头部缝了3针，下颚缝了7针。在手术顺利结束之后，他又向医护人员表达了自己的感谢。羽生认为自己能获得银牌，与大家的支持是分不开的，无论是《朝日新闻》的工作人员、美国队的队医、日本队的训练师，还是自己的陪同训练师以及日本滑冰联盟的有关人员，都给了自己很大的支持。他还说道："距离大奖赛日本分站赛只剩3周了。"

为了证明冬奥冠军的实力，羽生从没想过停下自己的脚步。

20 岁之前的最后一场比赛

有希望入围大奖赛总决赛的羽生从中国回到了日本。令他没有想到的是，日本的舆论声势比自己预想的还要大。

"明明在比赛中受了伤还参加表演秀"一时成为体育界的热门话题，还有很多医护工作者给羽生提出意见：虽然没有撞到头，但还是有患脑震荡的风险。"教练和（日本滑冰）联盟明知道这一点，却依然让羽生参加比赛"等声音层出不穷。

其实真正影响羽生的是左侧大腿的伤。他养了 10 天伤，再一次回到了冰场，左侧大腿还是很疼，这使得他萌生了退意。

外界也开始猜测："羽生应该无法参加日本分站赛了吧？""也不知道羽生现在身体怎么样了，他既然决定参加是一定会参加的。"……

就连羽生自己在参加训练的第一天也觉得表现"不像样"。不过,到了第二天,他又调整好了自己的心态。

距离日本分站赛只有 5 天时间了,为了能在比赛上呈现精彩表演,羽生决定一定要行动起来。为了调整好跳跃状态,他埋头训练。

比赛前一天,羽生在日本分站赛的举办地大阪再次见到了奥瑟教练。

羽生说:"您尊重了我想参加大奖赛总决赛的意愿,让我参加了中国分站赛,我不想浪费在那次比赛中获得的经验和教训。"

奥瑟教练在正式比赛时再三确认了羽生的健康状态,签字同意他出场参赛。

羽生在那天的记者招待会上,向媒体说明了事故发生之后的情况。

"受伤之后,我腿疼得睡不着觉,走路也很困难。比赛的时候,左侧大腿虽然有不适感,但还是可以滑的。中国分站赛的比赛结束之后,我安稳地休息了很长一段时间,但状态还是不好,所以我把跳跃动作设计得比较简单。"

大家都没想到羽生会这样说,因为他总是以很强硬的发言来给自己打气，他曾说："说出口的话会影响自己的精神状态。"对羽生来说，说出"状态还是不好""把跳跃动作设计得比较简单"这样的话，已经代表他脱离了自己原本的轨道。羽生自己还没意识到，这大概已经预示了比赛的失利。

事实上，羽生在正式比赛中表演短节目时，在跳四周跳时摔倒了，连跳也出现了失误。他在公开练习和 6 分钟热身时都成功完成了，却在正式比赛中失误了。

"总之我特别后悔。明明伤也恢复了，自己也没有感觉到疼，算是已经恢复到不错的状态，还是表演成这样。这就不是受伤的问题了，单纯是因为我实力不足。我还安慰自己是因为我没办法参加训练。是我太软弱了。"羽生细细回味着自己的话，向媒体这样说道。之后，他向记者们滔滔不绝地分析自己在自由滑时应该如何调整心态，这次采访的时间比以往长了十几分钟。

"我突然意识到，就是因为我光想着参加总决赛，所以没有集中精力迎接这次比赛。当自己被点到名上场后，播音员说'羽生没有跳一直会跳的后外点冰两周跳'之后，我的注意力就分散了。我太天真了，也很不甘心，希望可以在明天的比赛中集中注意力。"

　　　　　　　　　　　　　　　　羽生结弦：王者之路

这是羽生迄今为止在比赛中一直努力克服的问题——他的心思一旦放在零失误和得分上，而不是表演上，他就无法集中注意力做好每一个动作，就会失误频出。这虽是羽生自参赛以来不断克服、突破的难题，但自中国分站赛发生意外事故之后在日本分站赛上又出现这种情况来看，他陷入了一个死循环之中。

　　羽生正在用这些话重新激发自己的斗志。

　　"这种不甘心的心情，对于我明天的自由滑比赛来说是有帮助的。"

　　他心中再次燃起了斗志，这和他参加 2014 年的世界花样滑冰锦标赛时的心情一样。那时羽生在短节目中拿到第 3 名，非常不甘心，之后却凭借精彩的自由滑表演实现惊天逆转，一举夺魁。

　　然而，羽生在第二天的自由滑比赛中却表现得更糟糕。节目开场的四周跳，他第一次只完成了两周，第二次只完成了三周就摔倒了。此外，余下的动作也接连失误，最后只拿到第 4 名。表演结束之后，他不自觉地说"完了"。这次的日本分站赛只有部分选手参加，然而羽生连领奖台都没有登上，这是大家始料未及的。

　　"大家可能会觉得是伤病影响了我的发挥，其实是因为我实力不足。"

表演结束之后，羽生对自己能否参加大奖赛总决赛已近乎绝望。不过，由于他在中国分站赛中是第 2 名，在日本分站赛中是第 4 名，从两场分站赛中的成绩来看，羽生的积分排名是第 6 名，成功入围大奖赛总决赛名单。

"通常，比赛中倘若出现失误，我就只把它当作一次能够有所超越、有所进步的比赛，自然分数不高。但这次毕竟还有参加下一场比赛的资格，其实这些对我来说都是难能可贵的。我也会吸取在这次比赛中得到的教训，让它成为我继续前进的动力。"

羽生也很积极地回答了记者关于他对大奖赛总决赛的想法的问题，其实他早已对此进行了分析。

"在中国分站赛的比赛中，虽然当时很疼，但我还是完成了所有的（四周跳）。其实这和精神状态有很大关系。我反省了自己在短节目中的失败，会在之后的表演中集中注意力。我当时专注于每一次跳跃，心中满是想要尽快弥补个人失误的想法。但是这次没做到。到底是哪里有不足呢？总之，这次表演失败是因为我自己不够强。我现在的状态就是有太多问题，自己也有太多缺点，不知道该从哪里着手解决。"

羽生的思绪一片混乱。如果是之前的他，一定会在短节目中找到自己的问题所在，在自由滑中逆转局势。

夜深了，这是羽生 20 岁之前的最后一场比赛。

"虽然不甘心、难受，但总而言之，是我没能做好跳跃。自己 20 岁之前的最后一场比赛无论怎么纠结，结果都已经无法改变。我会再一次好好把自己的心情用语言总结出来，进行思考、交流和复习。那就是我 20 岁之前最后要做的事情了。"

从中国分站赛到日本分站赛，羽生背负着巨大的精神压力。赛后，他筋疲力尽地钻进被窝，立刻进入了梦乡。

为了自己的心而思考

赛后第二天早上，羽生身上还残留着昨夜的疲劳和不甘。面对记者采访，他想要"好好表达出自己的想法，整理自己的思绪"。

这次采访聚集了比往常更多的媒体。采访开始，记者们相继问起这次的事故给羽生带来的影响。

"要问有没有给我造成一些心理阴影，我想还是有的。

我在后内点冰跳起跳之前看着（滑行方向）出现了失误，当时就感觉有些疑惑和害怕，但是这些情绪之后也就消失了。对于我们这些选手来说，在 6 分钟热身时也经常有跟其他选手相撞的危险，所以必须集中注意力。若是发生碰撞，那是因为我们自己不小心。"

关于事故，羽生选择了不让话题继续发酵。相比提及过去，他更想讨论能够在未来不断进步、有建设性的话题。从羽生谈话的细微之处可以看出他对未来的希冀。

随后，他又回顾了自己在日本分站赛上表现不佳的原因。

"对比中国分站赛和此次的日本分站赛，我想要'在自由滑中努力做好'的心情是一样的，但这次就是不知道为什么很焦虑，影响了我在比赛中的发挥。我在之前接受采访时也说过，自己在 6 分钟热身时没能集中注意力。可是在中国分站赛上，尽管受伤，但我没有感到焦虑。"

羽生一边接受采访，一边对这种焦虑情绪进行了整理。

"这种焦虑给我的感觉就是不知道自己该做什么。我总是无意识地想到各种事情，感觉自己什么都看不到了。如果能够在比赛中集中注意力，就会清晰地知道自己应该做什么。不过……这次比赛中，我实在是有太多的欠缺之处，还没搞清楚什么是什么，比赛就已经结束了。"

"我要好好思考一下自己想做什么，自己能做什么。思考让我快乐。"

思考让人快乐。

说完，羽生转身离开了记者招待会。

接受采访后，这些话就一直萦绕在他心中。通过这次记者会，他说了很多心里话。对他来说，这是"对内心进行剖析"的宝贵时间。

几小时后，在晚上的汇报表演开始前，羽生再一次对自己的内心进行了剖析，并以"自我控制"为主题，与记者交流。

"在之前的记者招待会中我谈到，在这次的日本分站赛中，我也是怀着'要在自由滑中反败为胜'的激动心情表演的。这次给我的感觉是：我像往常一样扣动扳机，但是枪中没有子弹，结果事与愿违。那我到底是哪方面的能力有所欠缺呢？经过反思，我觉得是因为我的关注点用错了地方。"

"智慧"，这是羽生自2013年大奖赛分站赛时开始说到的词。

"迄今为止，我一直在说'为了自己的心而思考'，可是我觉得自己今年有些迷失了，不再是'为了自己的心而思考'，而是'为了赢''为了跳跃'。"

羽生开始比较在 2014 年问鼎的世界花样滑冰锦标赛的自己和此次日本分站赛上的自己。

"在 2014 年世界花样滑冰锦标赛上'想赢'的心情和这次在日本分站赛上'想赢'的心情也不一样。虽然我在世界花样滑冰锦标赛上'想赢'，但自己当时我的精神状态并不脆弱，所以并不会因这种欲望而动摇。因为我当时刚参加完冬奥会，训练很充分，脑中也有充足的心理应对技巧，所以当时能够做到为了自己的心而思考。"

那么，在日本分站赛上到底是怎么了呢？

"由于在这个赛季发生了相撞事故，另外在节目后半段加入了四周跳，导致无论是体力上，还是精神上，我都有很大负担，不能够再泰然处之。所以我觉得问题出在自己没能充分思考，感觉是在没有准备好的状态下勉强上场，却想取得胜利。在日本分站赛的自由滑中，我想着'在短节目中落后 8 分，倘若在自由滑中做 2 个四周跳，即便其中一个没有成功，只要完成后半段的阿克塞尔三周跳也能缩小分差'，脑子里全是具体的跳跃动作，我把所有注意力都集中在具体的跳跃动作上了。"

正如羽生所想，本应该为了自己的心而思考，却在表演时为了跳跃而思考，因而他没能如往常一样控制好自己的心理状态。

那么羽生到底为什么没能准确认识自己的心呢？接下来，他和记者进行了关于心的谈话。

"这次，我告诉自己不能软弱，要'不断往前看'。即使是现在，我也在脑海里不断为自己辩解，是因为自己在中国分站赛中受了伤，是因为'没有进行练习''整场练习也不够''无法充分相信自己'。这些借口也体现出我的软弱。结果，我既没能正确认识自己，也无法信任自己平时的训练成果。"

羽生喝了一口手边的矿泉水，继续说："我无法信任自己平时的训练成果。"这句话对于他又意味着什么呢？

"是啊……其实我为日本分站赛所做的训练，不像在备赛，反而更像在做康复训练。赛前，我只有 5 天时间进行训练。可是我现在不是个孩子了，我已经从事滑冰这项运动十几年了，能否信任平时的训练成果，其实取决于我自己。这是我在赛后才意识到的。"

话语间，羽生清晰地认识到为备战大奖赛总决赛，自己应该做什么。

"总而言之，我在总决赛之前进行的训练要针对总决赛本身。重要的是，我是否针对总决赛进行了有质量的训练，以及我是否意识到自己是为了总决赛而进行训练。"

羽生终于理顺了自己的想法，找到了"答案"。

羽生从 19 岁到 20 岁还要面对诸多问题，他是那么喜欢挑战并超越自我，对他来说，这些就是最好的生日礼物。

"在花样滑冰生涯中，有很多时候技术无法提高，这让人感觉到内心很痛苦。对于现在的我而言，这是一道必经的关卡，毕竟谁都不可能一直一帆风顺。不要觉得自己'以前能做到，现在却做不到'，而要相信自己正在不断提高。我从来不去想如果时间回到中国分站赛举办之前会怎样，因为'回到过去'这种话对于我来说是负能量。我在日本分站赛中的失误，虽然现在对我来说是负能量，但是对于未来而言是正能量，更何况没有什么事比不断树立很多要跨越的障碍能更令我感到快乐。正因为我现在的软弱，未来的我才有可能变得更强。超越自我之后，我一定会看到更美丽的风景。"

羽生语气轻快，眼神就像一位年轻的冒险家。

羽生结弦：王者之路

他猛地喝了一口水，仿佛又有些泄气的样子，拿着矿泉水瓶把玩了起来。

"这是最后一场比赛了，是我 19 岁的最后一场比赛，是 20 岁前的最后一场……到最后我都表现得十分任性，虽然也获得了参加总决赛的资格。"

羽生调皮地对大家笑了笑。当被问到 20 岁和自己有什么约定时，他郑重其事地回答道："不放弃梦想……"

他欲言又止。

"我讨厌自己停下脚步。我总是在完成一个目标之后马上找到下一个目标，所以我'总是在带着问题前进'，我从十几岁的时候就一直是这样的。不管我到了 20 岁、25 岁还是 30 岁，我都不会产生'自己就只能如此了'这种消极想法。即便出现了我做不到的事，我也会思考到底为什么做不到，然后请教更多人，不断克服它。所以说，我在 19 岁的最后这场比赛中体现出来的软弱，就是我迈入 20 岁后需要解决的问题。"羽生说了很多，面对自己的 20 岁，他摩拳擦掌，跃跃欲试。

"特别训练手册"

羽生在大奖赛日本分站赛第二天的采访中对自己的内心进行剖析，决定要为了比赛进行训练，所以他迫不及待，想尽早开始针对大奖赛总决赛的训练。但是日本分站赛落幕已是 12 月 1 日，距离出发去西班牙参加总决赛只剩下 1 周多了。

羽生倍加珍惜回到多伦多以后的时间，在从大阪回到家乡仙台的那段时间里，他也进行了一次训练。奥瑟教练先返回了多伦多，他为羽生制作了"特别训练手册"，那正是羽生那一刻最需要的。

训练的主题就是"针对大奖赛总决赛的实战练习"。

由于奥瑟教练已经知晓羽生将在短节目中第一个出场，所以羽生要在 6 分钟训练时做好热身，让身体变得温暖，这样就能马上配着曲目训练了。预计羽生的自由滑出场顺序会比较靠后，因此赛前的训练要充足，需要身体足够暖和，可以从冰场下来后脱下冰鞋先休息 10 分钟左右，再回到冰场进行伴曲训练。这完全是按照赛程安排的"特别训练手册"。

但是，按照赛程安排进行自由滑训练时，羽生开场的后内结环四周跳总是做不好。无论以这样的模式训练多少次，他总是无法在表演中完成后内结环四周跳。

按照现在的6分钟热身训练方法还是不行，这也是羽生以前从未在比赛中完成后内结环四周跳的原因。一旦从冰场上下来，整个人就会觉得身体连移动都很困难，必须改变6分钟热身的方式。

在这个时候，也不可能立刻想出解决方法，只能先寻找后内结环四周跳总是失败的原因。

当时，奥瑟教练拟好的计划是从12月1日到12月7日进行一周训练。7日（周日）旁边写着"最后一天是加量的艰苦训练"，事实上每天的训练都是很艰苦的。因为羽生是在12月9日（周二）出发，所以他给奥瑟教练发了邮件："终于结束啦！那我周一做什么比较好呢？"

奥瑟教练回复道："和周日一样，做难度训练吧(^_^)。"

"啊？真的吗？"

羽生连发颜文字笑脸的力气都没有了。即使这样，能突破自己身体极限的训练也让他备感幸福。

"我好好地坚持下来了，太累了。"

12月7日，羽生在仙台迎来了自己的生日，随后就登上了前往巴塞罗那的航班。

毋庸置疑，羽生的训练状态极佳。在正式比赛开场时，他漂亮地完成了后外点冰四周跳。那是一个庄重大气、彰显冬奥冠军风范的四周跳。

"后外点冰四周跳！啊，就是这样的感觉，我今天的状态真不错。"

"久违了，这种用身体感受乐曲的感觉，不像之前那样总是觉得钢琴曲目难度很高，太开心了。"

"总之，滑冰好幸福啊。"

羽生开心地笑着，滑完了整场比赛。

回顾整场比赛，羽生只在表演勾手三周跳时出现了失误。

"我当时觉得自己搞砸了。不过我会好好反省，把今天的失误当成一个新课题，明天只需要集中注意力投入比赛。"

羽生的脑海里装着各种各样的方法——"在短节目中发现自己的问题""集中注意力投入第二天的比赛"。他刚刚所说的，正是自己这些年来积累的经验。

"今后，我必须在心中创造对自己的挑战"

在自由滑比赛前，羽生向大家展示了自己的冒险精神。他在播报员念自己名字前的一二分钟，快轮到自己出场时进入冰场，他跳了一个目前为止成功率最高的后外结环三周跳，又尝试做了一个阿克塞尔三周跳。这是赛前就计划好的。

"在实战练习中，一旦从冰面下来，整个人就会觉得身体连移动都很困难，后内结环四周跳也总是出现失误。只完成一个后外结环三周跳对身体的刺激是完全不够的，还是阿克塞尔三周跳能让我有收紧身体的感觉，旋转速度也比较接近四周跳。"

但是比赛在即，没有选手敢选择会让自己感到疲劳的，甚至是有摔倒风险的跳跃动作，但是羽生想着"因人或状态的不同，身体的反应是不一样的。对于我来说，还是要给身体一定的刺激"。因此，他在赛前和奥瑟教练说了这个计划，并且得到了教练的肯定。

6分钟热身结束后约35分钟时，最后登场的羽生一来到冰面就做了一个阿克塞尔三周跳唤醒身体。正式比赛拉开帷幕。身体苏醒的王者在节目开场出色完成了后内结环四周跳，堪称史无前例。羽生在跳跃的一瞬间，感觉到"对了"。这是他经过思考得来的胜利。

"感谢奥瑟教练为我制订了训练手册，感谢让我以良好的身体状态进行艰苦训练的教练和家人，感谢我的身体，承受住了如此艰苦的训练。"

接下来，无论是后外点冰四周跳，还是后半段的2个阿克塞尔三周跳，羽生都没有让观众感觉到一丝不安。虽然他在表演最后的勾手跳时摔倒了，但是他的自由滑得到了194.08分，刷新了个人最好成绩。最终，羽生以288.16分的成绩成功卫冕。此次羽生丝毫没有受到中国分站赛上相撞事故的影响，他是名副其实的冠军。

羽生回顾这波折重重的一个月，说道："最后必须靠自己来思考。无论是训练计划还是赛前的心理调节，奥瑟教练都做得很好，然而，即便是奥瑟教练或我的家人，也没有我了解自己。能够真正探寻内心答案的只有自己。今后，我必须在心中创造对自己的挑战。从某种程度上而言，我很孤独。"

不过，他又摸着自己胸前的金牌说："今天能取得这样的成绩，与我在中国分站赛中受伤和在日本分站赛中的反省，还有大家的大力支持与鼓励是分不开的。可以说今天的比赛是在'攻克'我 19 岁留下的课题。这一个月，我过得很幸福。"

羽生在夺得冬奥金牌的时候都没有说自己"幸福"，因为他清楚地知道，对于自己而言，幸福不是获得奖牌，也不是得分，而是征服高难度动作所获得的成就感。

"即使到了 20 多岁也要上进，在这个方面，我想继续像个孩子一样保持下去。"

赛后，羽生返回位于冰场隔壁的宾馆，在人行横道处等红绿灯。尽管正处于 12 月，但巴塞罗那的海风暖洋洋的，吹拂着他的脸颊。20 岁的羽生，首场比赛虽然孤独，却从心底感到幸福。

20 岁，"南墙"外的风景

羽生幸福的 20 岁首战画上了句号。然而，从巴塞罗那回日本前夕，不知为何，他开始腹痛。可是他没有时间在医院进行详细检查，因为大约两周后全日本花样滑冰锦标赛将如一场惊涛骇浪般袭来。

12 月 25 日，全日本花样滑冰锦标赛拉开帷幕。当羽生出现在长野县"大帽子"体育馆时，表情十分凝重。

通常，羽生即使状态不好也不会在比赛时显露出来，但非常罕见的是，这次在短节目表演时，他接连说了好几次"状态欠佳"。在完成勾手三周跳时，他异乎寻常地发出了一个细微的求救信号，直到比赛结束之后他才透露自己腹部不适。对个人健康的担心，不断地侵蚀着他在比赛中的斗志。

在短节目中，羽生成功完成了一个与音乐融为一体的四周跳和一个干净利落的阿克塞尔三周跳，可在完成本赛季尚未成功的勾手三周跳时，他重心偏离，落在了预定落点的前方。接下来的后外点冰三周跳，他也临时换成了两周跳。

"啊，又是这样……"

连续 4 次比赛，他都失误了。

"完成勾手跳时，我有些不安。（倘若失误的话）接下来的后外点冰跳是转三周摔倒，还是直接转两圈漂亮地落地呢？抵达赛场前，我就基于这两种情形做了计算，预计得分应该相差无几。可是，当我这么想时，说明我已经退缩了。"

当羽生说出"不安""退缩"这些词时，说明他的好胜心就已经消失了。虽然最终以 94.36 分暂居首位，他的脸上却依然没有笑意。

羽生在接受采访时，如抓住救命稻草一般，向记者询问解决勾手三周跳这个问题的方法。

"我想知道到底是什么原因，如果知道，我就可以采取对策了。明明平常单独表演时可以做到，可是一到比赛时，精神状态、疲劳程度等总会使跳跃产生偏差。我也是一头雾水，每次需要留意的地方都有所不同。"

在第二天早上进行公开训练时，大家一看就知道他疲惫不堪，动作也很缓慢。

练习后内结环四周跳时，羽生感觉上半身使不上力，因此一个接一个都只完成了一周跳。奥瑟教练多次向羽生提出了改进意见。

"（公开训练时）这些动作不是为了跳跃而存在的，而是为了让你在跳跃时意识到这些动作。总之，比赛时大胆地跳就可以了。"

羽生在第 21 位出场。开场的后内结环四周跳，羽生完成四周旋转后摔倒了。之后，他放慢了跳跃的速度，动作一个接一个地稳稳完成。赛后，羽生毫无笑意地点头致谢，面对记者采访，他一张口就吐露对自己身体状态的担心。

"我的身体状态不好，已经尽可能减少了表演时的失误。我之前参加总决赛的疲劳似乎没有得到完全的缓解。虽然没有感冒也没有受伤，但是我的身体状态还是不好。今天从6分钟热身时，我就觉得疲倦。这场比赛很有意义，即使身体不舒服，它也能让我思考要怎么跳跃。"

他汗如雨下，虽然是在赛后约5分钟接受的采访，但他还是气喘吁吁。最终，羽生的自由滑得到192.50分，以286.86分的总成绩实现三连冠。

"这一年太辛苦了。无论是获得冬奥冠军之后的心态调整、中国分站赛上的相撞事故，还是经历日本分站赛的糟糕表演之后如何平衡内心等，我经历了很多普通的滑冰运动员没经历过的事情，也学会了很多。我今年一直坚持到了最后，感觉很幸福。"

随后，关于"幸福"，羽生又说了很多。

"在中国分站赛发生意外事故后，在进入6分钟热身前，我收到了很多观众的掌声鼓励，非常开心。当时的心情，我到现在还记得。我本来只是想为了自己喜欢的滑冰不断努力，却发现有这么多人支持和鼓励着我。在索契冬奥会上，我原本是为了自己的幸福去追逐金牌，最后是大家的力量帮我实现了梦想。现在，能够获得大家的支持，能够做自己喜欢的事情，就是幸福，也是我滑冰生涯中不可或缺的事情。"

这突然让人想起他在今年的日本分站赛上仅获得第4名时的事情。那个晚上，他说："倘若我跨越障碍，前方一定景色优美，我一定会看到更美好的风景。"现在，全日本花样滑冰锦标赛结束后，20岁的羽生说道："虽然我跨越了一些障碍，但前方仍是障碍林立。障碍的前方只有障碍。但人的欲望都是无穷的，如果能够克服困难，就能够超越自己。我有着超越常人的欲望，不论多少次，我都会试着超越自己。"

19岁梦想中的景色，20岁眼前的阻碍。即使眼前是阻碍，他也依旧保持微笑。

"没关系。冬奥冠军也好，全日本花样滑冰锦标赛冠军也好，无论离现在多近，那都是过去的荣誉了。我不是为了守护这些荣誉而滑冰的，我是因为喜欢滑冰、喜欢跳跃，所以参加比赛。我也一定会在接下来的滑冰生涯中保持这样的初心。"

羽生在20岁之后发现了"新阻碍"的存在，以及跨过新阻碍所需要的动力。

夺冠 3 天后（12 月 30 日），羽生被诊断出脐尿管残余，并接受了手术。术后他要在医院休养两周，还需要静养一个月。羽生在医院的病床上度过了 2014 年的除夕夜，紧接着就开始了康复训练。

"我又可以不断追赶向前了"

羽生在医院迎来了 2015 年。2014 年 12 月 30 日，他进行了 4 厘米的开腹手术，住院两周，又在家里疗养了 4 周。

随后他在 2 月初恢复了训练。

"距离世界花样滑冰锦标赛只有不到两个月的时间了，要更加严格地要求自己才行。如果可以，我想在自由滑中完成 3 个四周跳。由于我的肌肉力量有所减弱，又刚在筋膜处缝了针，所以我现在在感觉上会有些偏差，但是这是没办法的事情。现在，我在很多方面都感到焦虑，不过还是希望继续保持强大。"

顶着冠军光环、外表光鲜亮丽的他，之所以能够进行高难度的跳跃，就是因为他的核心力量强大。他这次在最重要的腹部动刀，将筋膜切开又缝上，使得筋膜的伸缩相比以前有了细微变化。除此之外，他在休养过程中体力也有所下降，身体不能按照意象训练中那样进行训练，感觉也出现了一定的偏差。

都说花样滑冰"一天不滑就要花三天的时间才能恢复"，要想在肌肉力量和感觉都没有恢复的情况下完成3个四周跳这样高难度的目标，只能强迫自己不断训练。结果羽生在后外点冰四周跳落冰时扭伤了脚踝。

"糟了！我太着急了。自我管理不到位，也没有集中注意力。"

虽然后悔，但为时已晚。他只能再休息两周，直到3月才重启正式训练。这时距离世界花样滑冰锦标赛只剩下3周时间。

由于世界花样滑冰锦标赛在上海举办，多伦多当时气候异常，温度下降到零下30摄氏度，因此羽生只能独自一人在日本训练。他需要建议的时候，就会给身在多伦多的奥瑟教练发邮件，奥瑟教练也会在邮件中详细回复。

例如有关跳跃上的失误，奥瑟教练在对比观看了羽生在中国分站赛、日本分站赛和全日本花样滑冰锦标赛上的赛事视频后，提出了"结弦状态好时会这样，但是状态欠佳时就有那个倾向，多做这些训练试试看"等各种各样的建议。他结合羽生自身的分析，再给予反馈。

"奥瑟教练他们告诉我的注意点大体上是相同的，因为没有什么模糊不清的地方（虽然教练不在我身边），对训练也没有什么影响。"

师徒二人分别在多伦多和仙台，远隔万里，还有14个小时的时差。虽然不能见面，但二人通过视频和邮件不断加深互信，直到达成共识。

然而即使是这样，也还是会出现一些偏差。

其中一点就是关于训练峰值的问题。奥瑟教练确立了一种训练模式，即"在赛前要进行高强度练习以达到技术上的峰值，随后要逐渐减少练习量让身体有所休养，练习强度也要降低。在那之后，倘若通过平缓的训练调整自己的身体状态，身体和精神上的峰值就会到来"。他一边观察羽生的状态，一边调整每天的练习量和内容。在正式比赛时引导选手达到峰值也是教练的职责。

但是这次，峰值调整只能由羽生一个人来完成，在仅剩3周的训练时间中也只有全力训练这一种方法了。

"总之我要跟着曲目进行艰苦的不间断训练。与2014年夏天大奖赛总决赛赛前相比，我一定要有滑完整套节目的体力。"

3月中旬，羽生正在不断进行艰苦训练，也是在即将启程前往上海之际，他已经达到"两套节目都零失误"的状态。

"到达峰值的时间是不是过早了呢？"

心中虽然感觉有点不对劲，但他还是把这种感觉压在了心底。

3月23日（周日），羽生到达上海，与奥瑟教练和费尔南德兹等"家人"会合了。

"真是松了一口气，奥瑟教练也是松了一口气的样子。"

第二天就要在主会场进行训练。羽生在滑上冰面的瞬间，轻轻地触碰了冰面。这里正是羽生在中国分站赛上发生碰撞事故的上海东方体育中心。

"好久不见。虽然那时发生了事故，但还要谢谢你那天让我顺利完赛。这次也请多关照。"

羽生心中涌起的感情，不是因事故带来的心灵创伤，而是最后得以完赛的感激。

受伤、住院、手术，在经历这么多磨难之后来参加世界花样滑冰锦标赛，羽生给自己设置了什么目标和前进动力呢？那就是他能够发挥自己力量的撒手锏吧。

"我是现役滑冰选手，绝不会放弃参加比赛。既然我被选为日本队代表，就有义务在比赛中全力奋战。即使受伤，也终究是自我管理不足的原因。我不能把所有的负面因素都想得很消极，要找到自己的问题，把它变成正面因素。面对比赛，我要不断问自己到底能走多远。"

短节目比赛开始。羽生怀着时隔3个月再次参加比赛的紧张感，来到了冰场上。观众席一半以上的人都摇着日本国旗。除开场的后外点冰四周跳时步法滑出，其余跳跃动作，他全部成功完成。

在表演结束的瞬间，羽生欢欣雀跃。奥瑟教练也不断地重复着胜利的姿势，"我很尊重结弦，我以他为傲"，能放手让自己心爱的学生在克服手术和伤病之后进行表演，奥瑟教练喜笑颜开。

羽生以95.20分的成绩暂居首位。相比于成功完成后内结环四周跳的费尔南德兹的92.74分，这是一个更高的分数。

羽生的后半段节目中有阿克塞尔三周跳和连跳，所以他的基础分要比费尔南德兹高两分左右。羽生在旋转和跳跃的质量上加分更多，这也是他能够位居榜首的重要原因。

"其他动作内容上的优异表现，几乎弥补了我失误时造成的失分。幸亏我在这3周里认真加强了训练。"

羽生心中细细回味着滑冰的兴奋和位居榜首的欣喜，可是一到了媒体记者面前，懊恼之情又一次涌上心头。

"我对比赛的直觉变差了，已经很不习惯公开训练和6分钟热身的紧张感了，所以注意力可能有些不太集中。对于四周跳的失误，我真的很懊恼，难得在正式比赛中表演一次。我要为了明天的正式比赛好好思考一下该如何应对。"

作为日本首位在世界花样滑冰锦标赛中成功卫冕的花滑男单选手，羽生说道："坦白说，我对自由滑更有信心。"

其实在抵达场馆后的公开训练中，他将之前成功率不高的后内结环四周跳也完成得很漂亮。羽生对一直都很擅长的后外点冰四周跳本来就信心满满。正因如此，他非常期待加入了这两种四周跳的自由滑比赛。

"公开训练时，比起后外点冰四周跳，后内结环四周跳的成功率更胜一筹，配曲训练也非常成功，没问题。"

从仙台训练到上海的公开训练，羽生的状态一直很好。虽然峰值到来的时间有点早，但是他相信巅峰状态可以一直持续到正式比赛。

羽生在这 4 天的训练中，后内结环四周跳都完成得很成功，观众期待着他在自由滑中展示出身姿优美的后内结环四周跳，就像他在这几天的训练中做到的那样。但是在自由滑正式比赛中，他仅旋转两周就落冰了。

"太差劲了！"

一直信心满满的羽生对此也十分惊讶。在接下来一两秒的时间里，他的注意力分散了。就在这一两秒的瞬间，身体自动进入后外点冰四周跳的助滑，结果错过了最佳时机，他摔倒了。

"现在不能着急，要像往常一样集中注意力于每一个动作上。"

通过调整心理来避免失误再次发生，这是羽生经过多次研究并确立的方法。之后，他全神贯注于每一个动作，剩下的跳跃动作全部成功完成。

羽生的自由滑获得 175.88 分，位列第 3 名，并以 271.08 的总成绩获得亚军。紧跟羽生之后出场的队友费尔南德兹首次夺得冠军。这对布莱恩团队来说，可谓是双喜临门。

费尔南德兹在记者招待会上看着羽生微笑说道："一

直以为羽生会夺冠。对于西班牙来说，摘得世界花样滑冰锦标赛首金是我们梦寐以求的。幸亏我之前一直和羽生在一起训练，使我的练习量和意识都受到了很好的影响。感谢一直以来支持我的人们。"

羽生回答道："听多伦多的工作人员说费尔南德兹在多伦多做了大量训练。以前一起比赛时总是我获胜，他就会说'祝贺你啊，我为你感到骄傲'，不过这次我们俩反过来了，我很惭愧自己没有那么宽阔的胸襟，我想自己下次一定要获胜。不过，另一方面，他作为我的队友能够夺得冠军，我也感到十分骄傲，十分开心我的好朋友能够获得冠军。"

身旁的费尔南德兹难为情地揉了揉羽生的肩膀。羽生继续说道："我又可以追赶别人了，不过这一次变成了追赶自己的队友。费尔南德兹一直在我身边，失败的感觉不会消失，这将成为我前进的动力。在下个赛季，陈伟群也要回归了，我又会处于一种追赶的状态，我很期待。"

对于后内结环四周跳，羽生本来是十拿九稳，为什么这次会出现失误呢？记者招待会结束后，羽生立刻进行了自我分析。

"这次失误是因为自己过于受场馆氛围和被竞争对手

包围的影响。巅峰状态来得有点早，可是即便不在巅峰状态，会跳的也依然会跳。这次比赛中的失误，是因为我在比赛时的行动和心境都出现了偏差。我要把这次失误当作一次宝贵的经验。训练太过导致身体疲劳、状态下滑也是很正常的。这也让我有机会思考自己的技术安排，没有失败就不会知道自己还有这么多需要注意的地方。"

又找到了新课题，这次的失误将会成为下次成长的动力。随后，羽生又一次回顾了这个坎坷的赛季。

"这个赛季，确实发生了很多事故和各种各样的事情，但是我会把所有负面因素转换成正面因素，时常反思下次要是这样做就更好了，这要归功于父母给我的好性格。"

羽生一回到宾馆就将银牌挂到了妈妈的脖子上。这是他从小养成的习惯，为了不忘记对家人的感谢。

8

绝对王者的冒险

20 岁~21 岁

2015—2016

"一个永远完美、充满灵气
并能创造独特氛围的选手。
我也想成为独一无二的存在。"

"对于结弦来说，今后需要的是经验，而非胜利"

波澜不断的 2014—2015 赛季结束了。

那个赛季发生了很多令人始料未及的事情：中国分站赛上的碰撞事故、事故发生之后的康复训练、全日本花样滑冰锦标赛后住院、做手术，以及世界花样滑冰锦标赛前的扭伤等。在发生各种意外事件时无法好好进行表演，导致状态下滑，甚至还需要休养，但是羽生一直坚持到了最后，到底是什么在支撑着他呢？

"虽然发生了很多事情，但我也没有刻意去控制自己的情绪，只是经常保持着对胜利的渴望，想着一定要获胜。总之，只是保持着要好好表演的想法吧。"

这句话与 2010 年羽生在日本分站赛上仅获得第 4 名时所说的"这次失败给了我一个崭新的需要跨越的阻碍，我很开心"一样，蕴含着他乐观积极的心态。

正因如此，上个赛季，越是在那样一个不同寻常的环境，羽生越是能够跨越新的阻碍，使自身的经验获得了丰富。那么他到底跨过了什么阻碍呢？

"这一年我经历了很多，是一些只有少数滑冰运动员才会经历的事情。我明白了作为冬奥冠军在下个赛季应如何保持斗志，如果再次遇到在中国分站赛上 6 分钟热身时发生的碰撞事故应该如何处理，以及之后进行康复训练时要保持什么样的心态。能继续在大家面前滑冰，我感到很幸运，还掌握了在逆境之中提升动力的方法，有很多很多。这些对于我来说都是宝贵的经验。这个赛季，我总是在不断思考，我制订了健康管理、训练方法等计划，那么接下来需要做什么，应该做什么呢？"

另一方面，在发生中国分站赛的事故之前，羽生的主要课题是"在作为冬奥冠军的下个赛季中如何调整自己的心态"。羽生听了奥瑟教练的经验之谈，对比自己在每场比赛中展现出的精神面貌，一直在十分努力地寻找答案。事实上，他的心态还是受到了冬奥冠军光环的影响。

"说起获得冬奥冠军后有没有更艰难，其实也没有那么难。事实上，我还是被'冬奥冠军'这一身份束缚。也正是我拿到冠军的这一经历，使我意识到这一点。我总是在想，无论是获得世界花样滑冰锦标赛冠军还是冬奥冠军，其实和我的表演没有什么关系。要想与看不见的敌人战斗，就必须找到与其作战的方式和对策。克服眼前的困难，自己自然就能保持良好的心态。"

自我激励是很多运动员所面对的课题，羽生找到了适合自己的方式。

"我以前经常戴上耳机听听音乐，唱唱自己喜欢的、能让自己振作起来的歌，这样会让我放松下来。不过，如果发生了中国分站赛上那样的意外事故，就会打乱日常的训练节奏。但是，日常的训练节奏并不代表一切。如果过于依赖外部因素，有时候就无法集中注意力。重要的是思考自己当下到底想追求什么，需要什么样的方法来集中注意力。2014年，我在不断地追寻这些问题的答案。"

2014年3月世界花样滑冰锦标赛的成功、11月日本分站赛上的失利，以及备战12月大奖赛总决赛时成功调整训练方式……接连发生的一切都与心理调节有关。

那时，羽生经常整理思绪，努力回忆起当时的环境和情感。

"在参加冬奥会时，我原本觉得自己完全战胜不了陈伟群，所以从心理调节方面深入思考了如何发挥出自己的实力，如何追上陈伟群。那个时候，我知道只要认真思考，找到自身的问题并解决它，就能够跨越阻碍。"

距离那时候已经过去了整整两个赛季，羽生已经从自己的战斗方式中找到了前进的"方法"。

2015 年 5 月，羽生开始着手备战新赛季。在进行了几场冰演之后，为了给自由滑编排新的舞蹈，他动身前往多伦多。

俱乐部的冰场重新装修了墙壁，墙上陈列着出身此冰场的历代花样滑冰运动员的获奖纪录。其中，在羽生获得2014 年的冬奥冠军、2014 年的世界花样滑冰锦标赛冠军之后，还添加了费尔南德兹在 2015 年刚刚取得的世界花样滑冰锦标赛冠军的镜框。

"我每天都看着费尔南德兹获奖的镜框，这样自己就能时刻想起之前的不甘心，也就能更好地进行训练。"

而且，奥瑟教练办公室的桌子上还摆放着一张"羽生和奥瑟教练两个人手中拿着冬奥金牌，脸上洋溢着笑容"的照片。

对于费尔南德兹和羽生，奥瑟教练一视同仁。不过，虽然奥瑟教练和二人在语言上都存在沟通障碍，但相对来讲，他和羽生交流起来更容易，因此无论是在语言上还是在态度上，奥瑟教练都向羽生表达了自己的关爱。

针对开始的新赛季，奥瑟教练说道："对于羽生来说，上个赛季非常艰难，但是他一次也没有放弃，这需要保持一个运动员所必需的信念。作为冬奥冠军，羽生今后更需要的是经验，而非胜利。对他来说，这些经验也是为了之后人生中的第二职业做准备，将来无论遇到什么样的情况，他都可以勇往直前。所以我希望羽生能够重新审视上个赛季历经的磨难的价值。"

羽生已经平稳度过了那个艰苦的赛季，整个赛季都能够正视自己的心态，这让人有一种强烈的预感，即下个赛季，他将带来身心融合的完美表演。

多伦多的春天姗姗来迟，通往冰场的林荫大道绿意盎然。

"SEIMEI"

在新赛季，羽生决定在短节目中仍保留之前的曲目，自由滑则表演新曲目。

羽生和编舞师杰弗里·布特一起对短节目曲目——肖邦的《第一叙事曲》进行重新编排。

"在2015年的世界花样滑冰锦标赛之前，我们就已经决定不改变短节目曲目。因为一年来我还没有做到零失误地完成它。只有对这个曲目更加精进，我才能在表演方面有所成长。在比赛中，我总是会优先选择跳跃动作，在我迄今为止的滑冰生涯中，我的表演也多是跳跃优先。但是这个节目已经是我第二年表演了，大家可能会有'这个节目和去年相比有何区别'这样的疑问。我会把压力化为动力，所以我就想着在曲目中加入一些新的表演。"

事实上，像歌剧、音乐剧等有故事情节的曲目，因为在什么样的情况下应该表现出什么样的喜怒哀乐是很分明的，所以更容易诠释。但《第一叙事曲》即使是在钢琴曲目中，其主题也不明确，它的特点是旋律优美动听。只有像一位真正的艺术家一样，才能对其进行完美的诠释。

"要想诠释好这个乐曲，滑冰动作、姿势、对手脚的控制，甚至面部朝向等，都必须做到精益求精。也正是因为动作简单，所以如何表达乐曲就变得很困难。现在乐曲已经定好，编舞也已完成，接下来要做的就是让我的心境和乐曲融合。我想要追求的不是这样，而是一种相反的状态，在这种状态中，我的感受排第一位，编舞次之。"

关于跳跃，羽生想要挑战上个赛季在中国分站赛受伤之前就定好的"后半段的四周跳"。

"并不是短节目时长较短，'后半段的四周跳'就会更轻松。呼吸、用腿的方式等会使肌肉处于一种无氧状态，人会筋疲力尽，所以还是得更适应《第一叙事曲》的训练量才行。"

在羽生和布特一起打磨的这些日子里，奥瑟教练一直在观看，并且认为"这个节目可以冲刺 105 分甚至 106 分的好成绩"。

直到这个时候，羽生在索契冬奥会上创造的 101.45 分这一世界纪录历经两个赛季还没有被打破，他依旧是世界纪录保持者。因此奥瑟教练认为，能打破这个纪录的只有羽生自己。

另一方面，自由滑的新曲目则根据羽生的想法进行选择。

"我想在这个新节目中挑战更多题材。在听了很多乐曲并且经过不断摸索之后，我选择了日式音乐。"

在听了很多大河剧①的插曲之后，羽生想着"尽量选择外国人也能够欣赏的乐曲"，最终选择了电影《阴阳师》（英文版）的主题曲。这部电影以平安时代为背景，主角是阴阳师安倍晴明。电影中有很多平安时代的风雅装饰，讲述了围绕安倍晴明展开的天马行空的故事，东方气韵和梦幻般的主题曲完美交融，展现了优雅而强大的世界观。

羽生没有采用原本的曲名"onmyoji"（阴阳师的日语发音），而是将自由滑命名为"SEIMEI"（主人公晴明的日语发音）。

"我觉得没有必要直接用电影名，而是用了'SEIMEI'这个更加朗朗上口的词。之所以特意用罗马字，是因为这个词不仅代表了安倍晴明，还有很多其他意义。因为乐曲名很有可能会贯穿整个赛季，所以我选择了一个能给人留下更好印象的词。"

细腻的感觉和超前的策划就是羽生对此乐曲的演绎。

自由滑的编舞由上个赛季自由滑曲目《歌剧魅影》的

---

① 日本的长篇历史电视连续剧。——编者注

羽生结弦：王者之路

编舞席琳·伯恩担任。伯恩非常喜欢这首具有东方韵味的乐曲，并且和羽生一起看了很多能乐和狂言①的视频。为了能在表演中体现出平安时代的氛围，羽生还研究了很多独特的日本动作。

羽生认为："日本的传统动作——不晃动身体地行走与滑冰有异曲同工之处。如果我能掌握好这种平滑度，就能完美融入乐曲。"

他将编舞拜托给外国人也是别有深意的。

"如果拜托给日本的编舞师来做，其中一定会有更多日式动作。但是这毕竟是花样滑冰的表演，如果太过日式，也不是很适合。因为这个表演是要给外国人观看并打分的，也会有很多海外的粉丝观看，所以我拜托了国外的编舞师进行编舞，想达到'外国人也能感受到日本的传统美'的目的。"

至此，这个节目已经进入动静结合的境界。保持重心偏低，仿佛趴在冰面上一般的滑冰动作给人以历史的厚重感，柔韧的下腰鲍步也给人以高雅的感觉。

"我滑冰时可以做到纤细与力量并举，恰如其分地使

---

① 能乐、狂言和歌舞伎并称为日本三大传统艺能。——译者注

用身体线条。到现在为止，能将这几点进行'融合'的，在日本的男子花样滑冰运动员中，只有我。"

羽生这些"自负"的话也激励着自己。这套考斯滕[①]以绣有蔓草图案的和服式丝织品为基础，样式灵感源于平安时代的便服，非常接近《阴阳师》电影中的设计。

在下次比赛中，羽生决定挑战最高难度的跳跃动作——开场的后内结环四周跳、后外点冰四周跳以及后半段的四周连跳，总共是 3 个四周跳。这个表演是对当初跳跃计划的又一次挑战。

"现在我满脑子想的都是集中注意力，练好现在的短节目。在观众的注视下，我希望自己可以一边寻找新的课题，一边完善自己的节目。"

8 月上旬，羽生在多伦多举行面向媒体的公开训练日活动。这一天，来自日本的电视台、报社、杂志社等共 50 名媒体记者在拍摄羽生训练。当然，他也早就想到会被记者问到"新赛季的抱负""新挑战"之类的问题。

电视台的记者问道："羽生，你在 2014 年的采访中说'想成为和上个赛季（冬奥赛季）不一样的自己'，后来在

---

① 指花样滑冰表演服。——译者注

比赛中遭遇了事故，并且生病住院了。现在，你的短节目的内容构成和 2014 年一样，关于这点，你怎么看呢？"关于这个问题，他似乎有些难以回答。

像羽生这样的顶尖选手，跳跃的种类和构成已经"达到极限"，每年水平有所上升都弥足珍贵。但是电视台记者想得到的是他对于成长欲望的一个"明确"回答，羽生对这个问题感到有些困惑。

"也许跳跃的动作构成确实没变。2014 年的这个时候，我在短节目和自由滑中都成功完成了后半段的四周跳。虽说跳跃动作相同，但此次节目的表现力、跳跃之外的其他复杂动作、跳跃助滑等的难度都提升了，我也确实感受到自己在各个方面进步了，而且今天的表演也不是最终确定的表演……"

羽生本想对这个问题给予明确的回答，结果却有头无尾，一瞬间不知该如何继续回答。

一直以来他的动力就是树立远大的目标并为之努力奋斗。对于他来说，一旦说出这些模棱两可的话来，就很有可能陷入负面情绪之中。羽生为了放宽心，让自己的想法更加明晰，在回答下一个问题之前，他继续说道："因此我觉得，与其说是再次挑战和上个赛季一样的表演，倒不如说是挑战这个全新的赛季。我心里还是觉得必须有所提升。"

羽生在"提升"一词上加强了语气。他承认自己后半段四周跳的目标与 2014 年一致，但是心情截然不同。

上个赛季充满了意外，那这个赛季，是复活还是继续精进……羽生的心中五味杂陈。2015—2016 赛季的首战，很快就到来了。

新赛季的首战

这个赛季的首战是在距离多伦多 1 小时车程的巴里镇举办的当地比赛——加拿大秋季国际经典赛。

10 月 14 日，短节目比赛当天，在这个四面环湖的小镇巴里，枫叶已经变红，有的甚至变黄，宣告着安大略省的秋天已经到来。

在上午的短节目公开训练中，羽生成功完成了多个后外点冰四周跳，在 6 分钟热身中，四周跳也全部完成，他的身体状态非常好。

伴着肖邦的《第一叙事曲》，羽生开始了优美的表演。

但他在完成重要的后半段的后外点冰四周跳时失去了平衡，导致步法滑出。赛后，他重重地叹了口气。

一坐到等分席上，他的脸上就流露出了压抑已久的软弱。

"这个节目，从 2014 年开始到现在还没有零失误地表演过……"

羽生的最终得分为 93.14 分，比个人最好成绩低了大约 8 分。对后半段四周跳的担心几乎压得他喘不过气。

"我很有可能是被'后半段'这个固定概念束缚住了。身体疲劳、时机的掌握以及上半身的运用方式等，这些都是我产生失误的原因。无论是在心理上还是在技术上，都有很多原因。但矛盾的是，事实上，或许二者对失误的影响都很小，可能我在很大程度上是受到了自己想法的影响。"

羽生一边回答记者的提问，一边飞速思考自己失误的原因。他把自己心里的疑惑原原本本地说了出来。

"只要在比赛中稳稳落冰一次，我就不会再害怕了。总之，我是想挑战一下跳跃的数量。我觉得自己在这次比赛中已经发现了问题。"

第二天是自由滑比赛。早上的伴曲练习也是在和正式比赛相近的环境中检验自己的好机会。在和正式比赛差不多的氛围中，羽生伴着乐曲开始了表演，节目前半段的2个四周跳都轻松完成，后半段的四周跳却只完成了一周。于是，羽生的注意力明显开始不集中，剩下的跳跃也出现了失误。虽然这只是一次练习，但我们可以清楚地发现，羽生在伴曲练习中的注意力的确不够集中。

羽生很珍惜这次接近正式比赛的6分钟热身，认为这次练习是很珍贵的体验，并将"在节目后半段，什么状态下才只跳了一周"作为自己正式比赛前要解决的重要课题。

羽生在正式比赛时轻松完成了开场的后内结环四周跳，遗憾的是，在完成后半段的四周跳时，他转了四周后却摔倒了。虽然表演没有成功，但他也没有犯6分钟热身时出现的错误。

最终，羽生的总成绩是277.19分，以领先第2名阮南36分的压倒性优势夺得冠军。

由于是当地的比赛，没有其他顶尖选手参加，因此羽生心里最清楚，夺冠本身并没有多少含金量。

即便如此，胸前挂着本赛季获得的首枚金牌，他还是冲着观众席露出了笑容，又深深地鞠了几个躬。赛场是个大概能容纳200人的小型场馆，约90%的观众是不远万里从日本来的粉丝。

在接受电视台记者采访时，羽生隐藏起自己的疲惫，露出笑容。他首先感受到的是首战结束之后的如释重负。

当被记者问到在这次比赛中有什么收获时，羽生在电视台的摄像机前保持着自己的笑容，回答道："我的得分比自己想象的要高。在比赛中未能成功完成3个四周跳，我有些不甘心。尽管状态不是很好，但我依然成功完成了后内结环四周跳和后外点冰四周跳，也算得上是一种收获。"

但是，在接受文字记者的采访时，羽生有一瞬间闭上双眼轻轻叹了口气，继续说道："其实我还是有些后悔的。虽说都是后半段的四周跳，但是在短节目和自由滑中要改进的地方是不同的，两者的疲劳程度和节目内容也完全不同，所以还有很多需要注意的地方。接下来我会继续寻找在短节目和自由滑中需要改进的课题，并且找到二者的共通之处。"

不过，他说在此次比赛中也是有所收获的。

"赛场氛围凝重，在裁判和粉丝们的注视下，我感到紧张，节目后半段的四周跳虽然有所失误，但我觉得自己首次找到了比赛的感觉，接下来应该会寻找备战下次比赛的课题。距离大奖赛加拿大分站赛还有 1 周多的时间，我要认真思考。"

如何在后半段的四周跳中解决自身存在的问题，不断涌现在他的脑海。

文字记者又问道："你觉得自己是思考得太多，还是思考得不够呢？"羽生听到后，马上回答道："还是不够。虽然我想了很多事情，也总结了很多调节心理的方法，但是对于真正需要思考的事情，我还是考虑得不够。"

之后，他吐露了自己的心声："在下次比赛中，我一定要再进一步。"

再进一步……这句话虽然表明了参加下次比赛的决心，却有些含糊。

是"零失误"还是"像训练时那样"？

10 月 30 日，该赛季大奖赛的首场分站赛在加拿大中部的莱斯布里奇市拉开帷幕。

对于羽生来说，这不仅是大奖赛的首场分站赛，还代表着和阔别两个赛季的陈伟群再次同场竞技。陈伟群在经历了1年的休养后，选择在加拿大分站赛复出。

在加拿大秋季国际经典赛上，无论是短节目还是自由滑中的后半段的四周跳，羽生都失误了，这方面如何改进反而成为羽生给予加拿大分站赛的馈赠。他不仅感受到"被'后半段'这个固定概念束缚"的不安，还感受到了与陈伟群同场竞技的压力。在他正不知该如何调整心理的状态时，正式比赛开始了。

短节目比赛当天，加拿大难得一见的柔和阳光照在人们身上，暖洋洋的。

羽生在6分钟热身之前刚系上冰鞋鞋带，就听到了观众的高声欢呼。陈伟群成功完成了一个四周跳，但是其他跳跃出现了失误，最终止步于80.81分。

羽生不禁看向陈伟群的分数。

"和陈伟群无关，总之，这次我要零失误地完成表演。"

他的心情变了又变，终于迎来了正式比赛。即将出场时，在奥瑟教练面前，他将冰鞋压在冰面上，显得局促不安。即便滑到冰场中间时看到了冰场上的苍蝇，他也"不希望踩到它"，所以两次将它捡起扔掉。他甚至没有掩饰自己的焦躁。

进入正式比赛之后，羽生的注意力几乎从未如此分散。作为课题的"节目后半段的后外点冰四周跳"只完成了两周；因勾手跳落冰不稳，三周接三周连跳变成了三周接两周连跳。赛后，他也没有做结束的姿势，只是露出了遗憾的表情。观众也完全感受不到他的气场。

最终，羽生得到 73.25 分，比个人最好成绩低了将近 30 分，当广播员播报羽生排第 6 名时，场馆内人声嘈杂。对于羽生来说，本赛季已经连续 3 次在后半段的四周跳出现失误。他似乎没有听到自己的得分。

"当时我满脑子都在思考自己失败的原因，直愣愣的，几乎没听到自己的分数。"

赛后他接受采访时，像往常一样开始剖析自我。

"我也不知道该说什么好了。我的阿克塞尔三周跳完成得很漂亮，表明身体状态没问题，那到底是哪里表现不太好？是播放乐曲前呢，还是播放乐曲后呢，还是两者都有？不过，也不是只有表现不太好的地方，我觉得也有表现不错的地方，我需要回过头好好思考一下。"

当媒体记者问是否受到对陈伟群的竞争心态的影响时，羽生予以否认，却又嘟哝道："和他没有关系，我这次想要零失误地完成表演。啊，可能正是因为想着要零失误，所以没有将注意力集中于每一个动作上吧……"

羽生看起来好像恍然大悟一般，自言自语且点了点头。

"总之，今天晚上回去后，我会再冷静地想想。"

说完，他就心神不定地离开了赛场。

晚上，羽生重新观看了自己的比赛视频，询问了周围人的意见，深入思考了所有对策。

"客观地看，自己的身体状况也没有那么糟糕。从分数上看，在规则方面，由于失误，原来的跳跃变成了2个两周跳，因此分数不高。如果只看节目内容分，我还是排名第一，这说明我的肢体动作还不错。除了分数和规则，自己的感觉才是最重要的，所以我之前觉得自己的身体状态不错也是很准确的。"

羽生也为自己乐观的想法所鼓舞。

第二天早上，莱斯布里奇市刮起了猛烈的狂风。北美平原特有的旋风掀起尘土，天气和前一天完全不同。

早上公开训练结束后，羽生好好地吃了饭并休息了一会儿，让自己的心情和身体保持在最佳状态。因为相信自己在短节目和早晨自由滑公开训练中的表现，所以他一直保持着参加正式比赛的良好心理状态。"在短节目中，我总是想做到零失误，其实那不是一种好的思考方式。说起来，我希望自己是因为状态很好，所以零失误。但是这种想法只注重结果，无法让自己全神贯注于每一个动作。我要做到像训练时那样，至于我在训练时都做了什么，大家在正式比赛时就能看到了。"

在赛前 6 分钟热身中，羽生在完成开场的后内结环四周跳时摔倒了。无论是在加拿大秋季国际经典赛，还是在日常训练中都顺利完成的后内结环四周跳，本是有绝对把握的动作，然而这次失误了，于是他又开始焦虑起来。那么要如何做才能消除这种焦虑呢？

羽生开始有意识地寻找一个改变的契机。这和他在 2014 年世界花样滑冰锦标赛的短节目比赛之后别无二致，"当短节目表现欠佳时，就要把不甘情绪转化为让自己振奋起来的动力"。

他的心中同时存在着两种情绪，即"像训练时那样对待每一个动作"的平常心，和"余下的就靠自己的气势了"这种拼搏精神。这正是他的心理在加拿大分站赛上达到的最佳平衡。

在自由滑中，羽生仿佛换了个人，充满了气势，开场的 2 个四周跳完成得干净漂亮，尽管后半段的四周跳手轻轻触冰，但他还是保持了身体的稳定。由于表演难度高，羽生的技术分得到 90.50 分，比陈伟群高出 13.58 分。

最终，羽生的自由滑获得 186.29 分，并以 259.54 分的总成绩从短节目第 6 名逆转而上，将银牌收入囊中。

"果然有没有想着'零失误'，结果是完全不同的，这就是我的短节目和自由滑表现大不相同的原因。在短节目中，我总是想着'做到零失误'，反省之后，我在自由滑中就想着只要做到'像训练时那样'就可以了。而且我想着，也不必和训练时的最好状态一样，只要能达到训练状态的平均水平就可以了。"

是"零失误"还是"像训练时那样"呢？这两种心态上的差别，会在很大程度上影响自己的表现，羽生把它作为制胜的方法刻在了脑海里。

"在这次比赛中，我用尽了全力，终于能够集中自己的注意力了。其实我在加拿大秋季国际经典赛赛前就一直处于一种蒙蒙的状态，不过也没有办法，我目前只能做到这样。我会继续努力的，就这样！"

在分析自己的精神世界时，满脸成熟的羽生突然有了些诙谐少年的味道。时隔许久，终于再次见到他如此少年气的笑脸。羽生的状态又回到了风起云涌的 2014—2015 年赛季之前，甚至是索契冬奥会之前那样，他变回那个浑身充满冒险精神的少年了。

第二天的表演赛结束后，羽生站在莱斯布里奇市街头，看到了壮观的双重彩虹。从地平线的一端延伸至另一端的 180 度大拱门，真是"完美"的双彩虹啊。如果大奖赛日本分站赛就在彩虹的另一边的话……他将这种"双重完美"刻在心中，离开了赛场。

"只是想变得更强，我只是想做到这一点"

大奖赛加拿大分站赛结束后，羽生回到了多伦多，此时距离大奖赛日本分站赛只剩下 3 周，接下来的课题是什么呢？他开始重新审视自己。

首先要分析自己在大奖赛加拿大分站赛上的得分：短节目表演时，自己有所失误，姑且不谈，自由滑表演尽管出色发挥，但得分依然不及陈伟群。他的心中立刻燃起了斗志。

"我不能总是被他甩在身后。"

那么，要如何提高自己的得分呢？羽生反复思考，为什么陈伟群的得分会这么高？

"陈伟群的厉害之处在于他的表现力出众。即便他的节目只是由简单的三周跳组成，他也能在紧张的比赛氛围中和一跳定胜负的情况下表现完美。即使没有高难度动作，他也能轻松自如地调节身体的力量，做到全力以赴，这就是陈伟群的过人之处。"

　　但是在此次自由滑中，羽生表演的是自己精心挑选并创作的和风节目"SEIMEI"，在节目内容分上，他与陈伟群还有大约6分的差距。

　　"我的'SEIMEI'还有很大的提升空间。节目中日本的传统美、我自己和乐曲的融合都还处于没有完全开发的状态。果然，我在各方面都需要不断地提升。"

　　只是想变得更强。

　　羽生如自问自答一般，突然点醒了自己。

　　"好久没有说过这样的话了。只是想变得更强，我只是想做到这一点。接下来的3周，我会拼尽全力训练，让大家看到我脱胎换骨般的努力。"

　　羽生仿佛又变成了两年前那个追赶陈伟群步伐的热血少年。

多伦多的秘密计划——"魔鬼训练"

加拿大分站赛结束后，羽生将不甘的情绪转化为自己改变的原动力。

早上他参加训练，为第二天的表演赛做准备时，心劲比以往更足。陈伟群也参加了同一场训练。

于是，羽生完成了比比赛难度还高的跳跃，并完成了一个非常漂亮的后内结环四周跳。他以鹰一般的姿势助滑，完成了后内结环四周跳，又变回了鹰一样的姿势。就连简单的三周跳，他也选择了复杂的起跳方式。

至此，羽生已经确认自己可以做到以鹰的姿势开始后内结环四周跳。他再次确认自己的感受，并将这种感受融入身体。

其实这种以鹰的姿势开始的后内结环四周跳是有深刻意义的。根据规则，短节目必须包含 3 个跳跃，即 1 个阿克塞尔跳、1 个连跳、1 个由步法进入的跳跃，而且禁止重复同一类型的跳跃动作。

所以，倘若想要完成 2 个四周跳，表演只能由"以复杂的助跑动作开始的四周跳"和"包含四周跳的连跳"组成。

由于羽生的后外点冰四周跳的成功率很高，因此他决定表演"后外点冰四周接后外点冰三周连跳"，另外一个四周跳则选择以复杂助跑开始起跳。换言之，以鹰的姿势开始的后内结环四周跳是十分有必要的。

自然，"以鹰的姿势开始的四周跳"与"在短节目中完成 2 个四周跳"的秘密计划有着很高的契合度。

本来羽生不断挑战短节目后半段的四周跳，是为了将来能在短节目的前半段和后半段各完成一个四周跳做准备。由于已经确定了要在节目后半段完成后外点冰跳，所以他计划在前半段加入后内结环跳，毕竟距离大奖赛日本分站赛还有一段时间。虽然后半段的四周跳没有起色，但这并不意味着他不能挑战更高难度的目标，即完成 2 个四周跳。

羽生在飞往多伦多的机舱里，特别想尽早练习短节目中的 2 个四周跳。刚到多伦多，羽生就向奥瑟教练说出了这个想法。奥瑟教练听后很惊讶，羽生坚持说："总之，我要做。"

奥瑟作为教练自然想着"短节目确实需要拿到更多分数"，但现在已经加入节目中的跳跃，即"鹰式助滑—阿克塞尔三周跳—鹰式落冰"是难度颇高的，如此完美的动作，全世界大概也只有羽生结弦能够完成。如果为了拿到更高的得分，把这个跳跃去掉，加入后内结环四周跳，一旦发生失误，连完成阿克塞尔三周跳的机会也就没有了。

综合考虑了奥瑟教练的建议和想法之后，羽生最终决定："对于我来说，只有那种程度的成长是不够的，我还需要再进步。我还是想完成 2 个四周跳。"

在接下来的 3 周时间里，用羽生的话来说，就是每天开启了"竭尽全力的训练"。

首先，羽生在短节目的前半段中加入了后内结环四周跳和后外点冰四周跳接后外点冰三周连跳，在后半段加入了阿克塞尔三周跳。羽生开始按这个模式训练，心理也发生了一些变化。

"最大公约数从 10 变成了 7 左右。"

最大公约数，是羽生特有的"方法用语"。跳跃动作会受到速度、时机、肌肉力量、（跳跃）轴的角度、上半身的紧绷程度以及心理状态和身体状态等各种条件的限制。这些条件完美结合在一起的瞬间，跳跃就成功了。

羽生的最大公约数减少到了 7。换言之，他的后内结环四周跳只要能满足这 7 个条件，就能够成功。在可计算范围内，羽生现在的动作已经接近成功了。

经过反复摸索，他终于突破自己，成功完成了 2 个四周跳。教练们也无法沉默以对。不仅是奥瑟教练，还有负责滑冰技术的崔西·威尔森教练以及其他教练，甚至可以说是在多伦多冰场中的所有人，全都拧成了一股绳。每当羽生跳跃成功，大家都会鼓掌庆贺，即使羽生摔倒了，他们也会大喊 "GO! GO!" 来鼓励他。

羽生为备战大奖赛日本分站赛进行了 3 周的艰苦训练。奥瑟教练一直陪在他身边，奥瑟教练切实感受到了："加拿大分站赛结束后，羽生好像变了一个人。他很懊恼，并且冷静地汲取了经验和教训，而且他渴望胜利，斗志高昂。可以说羽生具备了获胜的所有条件。"

"要成为绝对的王者"

终于到了大奖赛日本分站赛的前夜。赛场是曾作为 1998 年长野冬奥会的冰球比赛场馆——"大帽子"。长野县的小镇上挤满了想一睹羽生结弦和浅田真央风采的粉丝。

在正式比赛前一天的记者招待会上，羽生看起来非常沉着。他冷静地阐明了自己的决心，发言中处处可见他特有的奇言妙语。

"我想在短节目中挑战 2 个四周跳。经过努力训练，现在我的身体状态很好。我是完全针对比赛进行训练的。并且在大奖赛加拿大分站赛上，我的不甘情绪也让我开始下苦功，想要克服自己的所有问题。我认为不能拘泥于当下的结果，重要的是这 3 周的训练能让我在比赛中发挥到什么程度。我会根据自己在比赛中的发挥，来判断这种训练方式的好坏。"

万事俱备。

11 月 27 日迎来了短节目的正式比赛。羽生在节目开场的后内结环四周跳顺利落冰，后面的表演也十分顺畅；后外点冰四周跳接后外点冰三周跳连跳，落地远，动作流畅；后半段的阿克塞尔三周跳也成功了。伴随着观众的阵阵欢呼，羽生直接开始了步法表演。随着肖邦的《第一叙事曲》进入最后一段急速的半音阶演奏，全场观众站起来了，羽生伴着钢琴强有力的不协和音的余韵完成了自己的表演。

这是一场完美的表演。羽生以 106.33 分的成绩刷新了由自己保持的 101.45 分的世界纪录。

"我没有感到任何不安。之前我在短节目《第一叙事曲》中总是做不到零失误，熬过了一段艰难的时期，那时期盼'零失误地完成一次表演'，也是一种乐趣。现在我终于成功了。总之，能够表演这个节目，我很开心。"

需要跨越的阻碍越大，羽生就越能体会其中的乐趣，这就是他的出发点。"如果我不在短节目中加入 2 个四周跳，那对我来说就不算胜利。所以我觉得有必要在平昌冬奥会前加 2 个四周跳，并使用更复杂的跳跃方式，注重旋转、舞步、表现力等各个方面，专心地滑完整个节目。作为索契冬奥会的冠军，我一定要以压倒性的实力蝉联大奖赛分站赛冠军。不过，这还不是我的终点。"

在记者招待会的最后，羽生又说了自己在 2012 年大奖赛美国分站赛之后一直说的关键词。"像冬奥赛季一样，我在短节目中表现得很好，所以我会细细回味当中的喜悦，度过这一天，然后好好休息，集中精力完成明天的自由滑表演。"

羽生积累的秘诀像拼图一样组合在了一起。

虽然他欣喜于自己在短节目中可圈可点的表现，但超过 106 分的好成绩还是给他带来了不小的冲击。第二天早上，羽生意外地紧张起来了。在从宾馆开往比赛场馆的车上，他一直在分析会感到紧张的原因。

"这种紧张的感觉，我好像在哪里体验过……"

这种紧张感其实和羽生在索契冬奥会自由滑比赛那天如出一辙。

"那时候，我想要夺得冬奥会金牌。只有冬奥会金牌我还没有收入囊中，对于我来说，那就像'冬奥会的魔咒'。所以在冬奥会自由滑比赛时，我没有弄清楚自己到底在和什么战斗，也不知道自己的紧张感从何而来，导致失误连连。直到比赛结束，我才意识到'原来自己并不是为了完成优美的表演，而是渴望获得金牌啊'。"

这么说的话……现在自己心中出现的意外的紧张感，应该是类似'欲望'在作祟吧？

"是啊，我得承认，现在我心里一直想着'要在自由滑中取得超过 200 分的成绩''希望总分能超过 300 分''要做到零失误'。这一切都成为压在我身上的无形大山，也让我无法将注意力集中到每一个具体的动作上！这就是一种只注重结果的、无形的欲望。也正是因为自己一直期待结果，所以我才感到紧张。"

羽生将自己发现的所有弱点找出来，并作为课题记录下来。现在正是他使用那些方法的时候。

羽生一行人到达了赛场。为了纪念 1998 年的长野冬奥会，"大帽子"墙上到处是冬奥会的标志。

看着这些冬奥会标志，羽生安心了很多。

"要成为绝对的王者。"

在自由滑比赛中，他的跳跃动作都成功落冰，包括 3 个四周跳和 2 个阿克塞尔三周跳。

"认真感受每一个跳跃动作，在跳跃时相信自己迄今为止所做的训练，相信自己的身体。"

羽生的表演完美无瑕。自由滑得分 216.07 分，总分 322.40 分，3 项成绩（短节目、自由滑、总分）均打破世界纪录。

羽生用双手捂住脸颊，凝视着自己的得分，接着数次站起来向赛场的观众挥手致意，脸上满是汗水和泪水。

"我真的要感谢所有人。感谢各位给我提供舒适的训练环境，感谢我的教练、家人以及多伦多的各位，还有仙台的各位，非常感谢！"

羽生说出这些话时，心情非常激动。他大口地呼吸着赛场的空气，将这种喜悦铭记在心。之后，他深深地鞠了一躬，大踏步地从运动员通道走了出去。

他刚有机会独处，就冷静地分析自己获胜的原因，并主动探索新课题。

"我今天的表演和之前的所有经验是分不开的。这次短节目 106.33 分、自由滑 216.07 分，总分 322.40 分的成绩，对于我自己来说也是一种压力。因为我一定要有打破这个成绩的精神，这对我来说就是一个新挑战。"

羽生在 20 岁最后的比赛中得到了全方位的提升，但是他并不满足于此，还想再上一个台阶。那么为备战大奖赛总决赛，有什么新课题呢？他一直思考到了天亮。

第二天一早，各家媒体都报道羽生是"绝对的王者"，他害羞地笑了，觉得自己还称不上。

"在我看来，绝对的王者是普鲁申科。他总是很完美，很有灵气，是一个能营造出独特氛围的选手。我也想成为他那样独一无二的存在。"

独一无二，成为一个新的目标，铭刻在羽生心中。

独一无二的表演诞生的瞬间

羽生在大奖赛日本分站赛之后一直有一种"要战

胜自己的精神"，可是没有什么比战胜自己更难做到了。羽生越是想着要超过322.40分，就越觉得这个挑战太难了。

在一场比赛中勇夺桂冠后，要如何保持住这种良好的状态呢？

为了保持这种状态，他重新回顾了自己的成功体验。上一次有这种兴奋状态和表演的感受是在什么时候呢？

"仔细回想一下，上次有这种感觉是2012年在尼斯举办的世界花样滑冰锦标赛。对于我来说，那是一次融入灵魂的表演，周围也有很多人说'是从尼斯的那次表演成为你的粉丝的'。"

虽说距离那次表演已经过去4个赛季了，但是对羽生来说，那份记忆有甜蜜，也有痛苦，回想起来仍记忆犹新。

至此，羽生已经积攒了很多战略方法。在他看来，最珍贵的记忆，不是创造世界纪录，也不是拿到冬奥金牌，而是在尼斯世界花样滑冰锦标赛里一直保持了4分半钟的激昂状态。

"尼斯世界花样滑冰锦标赛的表演、赛场氛围、身体状态、在完成步法时摔倒，还有17岁的自己，都造就了那时的独一无二。所以说，其实大奖赛日本分站赛和大奖赛总决赛也是这样，不能看作是同样的表演。只要我今天也是'怀着这样的心情'滑冰，今后回忆起来，就会觉得这是只有在这一天，在这个赛场才能完成的独一无二的表演，那对我来说不是很幸福吗？"

其实，一想到"我也想成为他（普鲁申科）那样独一无二的存在"这句话，他的内心就会平静下来。

12月11日，羽生在西班牙巴塞罗那迎来了大奖赛总决赛。身边的人都期待他能够突破322.40分，但是羽生自己并不是这样想的。

"我想完成只属于今天的表演，根据我今天在赛场的感受，完成我力所能及的表演。"

最终，羽生在短节目和自由滑中的表现堪称无可挑剔。短节目得到110.95分，自由滑得到219.48分，获得总分330.43分的好成绩，称得上是一次独一无二的表演。

羽生的笑容沉稳而温和："我一直背负着很大的压力，现在终于安心了。大家一直夸赞我的表演不愧是获得过世界最高得分的，我很高兴，不过这与我今天滑冰的目的并不相同。如果大家被我的表演打动，更加喜爱观看我的表演，那我以后会加倍努力。"

要想成为绝对的王者，与其说要不断地取得胜利，不如说要不断地创作出独一无二的表演。这就是羽生在21岁的首场比赛中领悟到的幸福的模样。

后　记

　　羽生结弦有许多面孔，既有像修行僧一样为了表演而全身心投入的一面，又有如少年般温和可爱的一面，还有总是对周围的人和事心怀感激且表现沉稳的一面。不过，不管怎么说，最特别的是他作为贤者的一面，他常常回顾自己的经历，深入思考、分析，然后找出适合自己的方法。

　　无论是身体能力，还是过硬的心理素质，羽生都颇具顶级滑冰选手的才能。但是，夺得索契冬奥会冠军以及成为绝对的王者，都源于他独特的方法，这与他对身心和头脑的绝佳控制是分不开的。

　　此外，羽生的方法，不单单是一个运动员赢得比赛的法宝，更是使人生变得丰富的智慧。接下来，让我们回顾一下其中的一部分吧。

（1）"宣言"

这是羽生自孩童时期就使用次数最多的方法。羽生一直说"我要取得胜利""要成为冬奥会冠军"。2011年东日本大地震发生后，他在思想上鼓舞自己从"灾民代表"转变为"花样滑冰运动员"时也说："我跟自己说一定要向媒体表达自己'想赢'的心情。如果只是在脑子里想想就会遗忘，通过语言说出来，才会在心里留下印记。"

（2）"认真思考、寻找课题并全力解决，就能跨过阻碍"

这句话是羽生在索契冬奥赛季的大奖赛总决赛上说的。那时，羽生连续3次与陈伟群同场竞技，每次赛后他都会分析自己与陈伟群的分差，分析自己面对陈伟群时的心理状态，寻找课题，提高自己。他会寻找每一场比赛取胜或获败的原因，找到下一步的课题。这些"回顾"和"分析"正是羽生构筑制胜法宝的基石。

（3）"成功的时候，短暂欢呼后，就要继续往前看"

短节目表现很好，却在自由滑中出现失误，这是很多滑冰选手都难以跨越的障碍，但羽生掌握了战胜它的方法，这是他在 2012 年大奖赛美国分站赛的短节目中创造世界纪录之后得到的教训。在那次比赛之后，羽生即使在比赛中完成得很好，也养成了"短暂欢呼之后还要往前看"的口头禅。

为了能够连续夺冠，如何消除"感到骄傲"或"感到重压"这样的情绪呢？羽生为了成为绝对的王者，必须做到灵活运用其方法。

（4）"很开心能找到自己的弱点"

羽生的思考方式总是很乐观的，但是在 2010 年首次目睹陈伟群的表演，切身感受到自己与其在实力方面的差距后，他表达了自己的心情："我很沮丧，也很开心，我还有很多需要改进的地方。"从那之后，每当意识到自己的弱点和失败的原因时，他都会说："我找到了能加以改进的地方，所以很开心。"

只要拥有直面弱点的勇气，"失败"就是一种"前进"。只要拥有这种勇气，羽生就能够不断向前。

（5）"为了比赛进行训练"

羽生在经历了 2014 年中国分站赛的意外事故后，在大奖赛日本分站赛中失误连连，赛后与记者长谈了很久之后他得出了"答案"。这是他意识到自己"并没有为了比赛而训练，而是在为了康复而训练"之后得到的收获。他再次意识到，比起训练量，更重要的是训练目的。羽生在2009年世界青少年花样滑冰锦标赛后也说过："与其多滑一秒，我更想多成功地完成一个跳跃。"可见他对训练质量的极致追求。无论何事，毫无目的的准备就注定无法得到好的结果，这是一种积极进取的思考方式。

（6）"冷静和斗志的平衡"

凡事都要达到平衡状态。自17岁远赴多伦多，羽生的心境就发生了变化。他认为"只有斗志是无法取得胜利的，重要的是达到平衡"，他常说："虽然有信心是必要的，但是不能过于自信。""斗志很重要，但专注于自己也很重要。"因为羽生把平衡作为永恒的主题，所以总是根据比赛不断地进行调整。

与自己的内心对话，寻找平衡，他不禁切实感受到认真生活是何等重要。

（7）"不要追求零失误或排名，而要集中注意力在每一个动作上"

在索契冬奥会上，羽生连续出现失误时说："我发现自己无意识地想拿金牌，对我来说，这就像'冬奥会的魔咒'。"他明白了树立目标和对结果的欲望是两码事。那么，要如何摆脱这种无意识的欲望呢？他认为"在比赛时集中注意力于每一个动作上"是一个好办法。

（8）"让支持者成为伙伴，感谢一切，信任一切"

虽说羽生是一位才华横溢的选手，但他并不是一个人在战斗。最后的方法是要将身边的一切变成自己的伙伴，信任能够成为一种力量。教练、父母、支持者、粉丝，甚至是冰场、冰鞋、自己的腿等人和物，羽生生命中遇到的一切都是他的宝贵财富。

羽生在成功与失败中总结了这么多方法，它们都成为他前进的动力。他在不断地成长，在赢得比赛，也经受了挫折，年龄也在不断增加。相比于夺得冬奥会冠军，如何度过自己的滑冰生涯才是他活着的证明。通过记录羽生结弦这些奋斗的日子，若能够向读者展示他21岁前的人生中，斗志是多么高昂，生活是多么丰富多彩，我将不胜欣喜。

野口美惠

王者之路，最后要归结于勇于挑战的精神

羽生结弦选手在 21 岁这一年，充分运用"王者利器"，获得了超过 300 分的好成绩，开启了通往新世界的大门。他常常冷静地进行自我分析，寻找新的课题，并在心中树立远大的目标。他也总向粉丝和孩子们传递在生活中向梦想发起挑战是多么重要的信念。

本书在日本发售一年半后，又迎来了平昌冬奥赛季。此次的冬奥会，羽生并不是作为挑战者，而是作为世界花样滑冰锦标赛纪录保持者以及花样滑冰界最高得分保持者而参赛，以卫冕为目标。在索契冬奥会上，他凭着朝气和气势一

举夺魁，但这次的平昌冬奥会则需要一种不同的精神力量。

以一种什么样的心情进行每天的训练，在冬奥会前的每一场比赛中又应该以怎样的心情发起挑战，为了在冬奥会上有所成长又寻找到什么样的课题，在到达冬奥会场馆之后如何休整，比赛当天的巅峰状态，短节目的动力，短节目结束后的转换方式，如何集中注意力直至自由滑结束——羽生在心中不断地追问这些问题，并尝试寻找解决的"方法"。平昌冬奥会对羽生而言，应该是他"王者之路"集大成的表现吧？

本书描写了羽生在 2015 年大奖赛总决赛中创造 330.43 分的世界纪录及其之前的经历。在那之后，羽生更加刻苦地钻研了"王者的方法"，并将作为世界冠军参加 2018 年的平昌冬奥会（羽生在 2018 年冬奥会获得了冠军）。我在前文的"后记"中介绍了羽生推动自己前进的 8 种方法，接下来，本书又回顾了羽生自 2016 年以来的赛场表现。

世界花样滑冰锦标赛是对复杂的心理调节的考验

羽生在大奖赛总决赛中斩获前所未有的超过 330 分的

傲人成绩后，又开始挑战新难度。

对于花样滑冰运动员来说，在整个花滑人生中，哪怕只有一次短节目和自由滑堪称完美无瑕的表演，也实属难得。特别是羽生在节目中加入了 5 个四周跳，并且连续两场比赛都出色完成，堪称奇迹。周围人都将羽生视作"绝对的王者"，对他推崇有加，自然很期待他能够再次取得 300 多分的成绩。

同时，对于羽生自己来说，由于在上半个赛季就完成了"在比赛中完成 5 个四周跳，总分超过 330 分"这样高难度的目标，下一个目标一定异常艰难：是继续加入高难度跳跃动作，还是做到零失误的表演拿高分呢？

在 2016 年波士顿世界花样滑冰锦标赛中，羽生面临着如何处理来自周围压力的问题，如何增强自己的动力和集中注意力才是最重要的，此次比赛是对复杂的心理调节的一次考验。

早晨，短节目赛前的公开训练开始了。

在此次世界花样滑冰锦标赛中，包括羽生在内的所有选手都想"呈现本赛季最高水平的表演"。在这样紧张的氛围下，在短节目表演当天早上的公开训练中，发生了意外事件。羽生在进行伴曲表演时，丹尼斯·邓（哈萨克斯坦选手）突然滑入羽生的表演轨道，眼看两人就要相撞，羽生立刻大声提醒。他只能在与以往不同的轨道上跳了阿克塞尔三周跳，最终摔倒了，赛场气氛变得异常紧张。

"果然，因为大家期待的分数太高，对表演的期待也越来越高，所以我也感受到了压力。尽管我在冬奥会和大奖赛总决赛中也很紧张，但是这次的心境和以往是完全不同的。看了我的训练就知道，当时我的内心很乱，人很烦躁，之后的训练也是乱七八糟的。"

以这样的心理状态参加数个小时之后的短节目比赛是万万不可的。羽生暂且回到了酒店房间，运用迄今总结的"撒手锏"对自己的精神状态进行了分析。

"我想了很多，我太自我了。明明大家一直在支持我，我却觉得'是我凭借一己之力走到了今天'。对于这一点，我很后悔。滑冰并不是我一个人的事，还有很多支持我的人，表演时粉丝们的呐喊和掌声也赐予我力量。这些都会影响我的心情、身体和精神状态，最终，我在这些因素的影响下独自完成了表演。"

羽生总是能恰如其分地调整自己的心理状态，他再一次确认了要"让支持者成为伙伴，感谢一切，相信一切"。

在短节目比赛中，羽生成功完成了 2 个四周跳。他以极富感染力的神情摆出了结束姿势，喊着"你们看到了吗"，他的气势由内而外地散发出来。

"无论别人对我有什么样的期待，我的目标都不会改变。最终，我信心满满地完成了比赛，并且在滑冰的时候感觉非常幸福。我当时喊'你们看到了吗'，指的就是我的心情。虽然我内心百感交集，但最终归为一种心情。我开始滑冰已经有 17 年了，我在各种各样的经验中总结了一些方法。这些方法就像战略决策那样行之有效，对我很有帮助。"

羽生再一次真切感受到了这些"方法"带来的帮助。

然而，羽生在自由滑中又遇到了其他课题。

羽生根据"成功的时候，短暂欢呼后，就要继续往前看"的方法，意识到了"短节目成功之后，要开始准备自由滑"。但是在自由滑的正式比赛中，羽生开场的后内结环四周跳出现了失误，之后更是失误连连。最终，羽生被在自由滑中表现完美的费尔南德兹反超，仅摘得银牌。费尔南德兹创造了总分 314.93 分的好成绩，奥瑟教练的两名弟子得分均超过 300 分的优异表现给观众留下了深刻印象，他们仿佛带领大家迈入了新世界。

羽生在比赛结束后懊恼不已，惊讶于自己会连续失误，一脸茫然。第二天，他整理自己的心绪说道："我这段时间在训练"SEIMEI"时，几乎每天都能做到零失误，我应该是太习惯于零失误的节奏了。"SEIMEI"的每一个跳跃都是和乐曲完美搭配的，由于我的第一个跳跃出现失误，导致整个表演都乱套了。正因为我掌握了要'为了比赛进行训练'这一方法，所以有些自大了。尽管'为了比赛进行训练'的理念很重要，但是比赛时要感受到赛场的氛围，并将其转化为力量。在这次比赛中，没能平衡好感情、身体和思考（这三者的关系）是我落败的原因。"

羽生再次认识到了方法（6）"冷静和斗志的平衡"（实施起来有）多么困难。

羽生连续两次在世界花样滑冰锦标赛上收获银牌，但在回顾整个赛季时，他神清气爽地说："世界花样滑冰锦标赛是一个大舞台，充满戏剧性，既有像费尔南德兹那样零失误完成表演的选手，也有像我一样出现失误的选手，还有像陈伟群那样撞上挡板的选手。我在这个舞台上没能夺得金牌，是因为我还不够强大。虽然这次我位居第2名，但是作为世界纪录保持者，我想再次开启新世界的大门。"

羽生果然做到了方法（4）"很开心能找到自己的

弱点"那样，收获银牌后，他反而获得了更多动力。在2015—2016赛季，虽然羽生已经成为"绝对的王者"，但是他认为自己的极限是不存在的。

开启四周跳"群雄争霸"时代

2015—2016赛季不仅对羽生来说意义重大，更重要的是，由他创造的"在比赛中完成5个四周跳，总分超过330分"这一纪录让整个花样滑冰界都感到震撼。

在2010年的温哥华冬奥会上，伊万·莱萨切克（美国选手）的表演中虽然没有四周跳却夺得了金牌；普鲁申科虽然完成了四周跳，却屈居第2名。他当时说："有的人说表演四周跳没有必要，那是在逆时代而行。"自此引发了关于四周跳的争论。然而不过5年多的时间，忽然间，羽生就创造了这样的难度——要想达到世界顶级水平，就要完成5个四周跳。

于是，这对想成为世界顶尖的选手们来说，就像引发了多米诺骨牌效应，大家都开始使用四周跳。

首先金博洋（中国选手）在2015—2016赛季已经成

功完成了勾手四周跳，在2016年2月的四大洲花样滑冰锦标赛中成为史上首个"在短节目中完成2个四周跳，在自由滑中完成4个四周跳"的选手。

宇野昌磨在2016年4月的团体挑战赛（在美国举行）中，成为世界上最先成功完成后内点冰四周跳的选手，并创造了吉尼斯世界纪录。

在2016—2017赛季，升入成年组的17岁选手陈巍（美国选手）掌握了4种四周跳，即后外点冰跳、后内结环跳、后内点冰跳和勾手跳。他向前无古人的节目内容——"在短节目中完成2个四周跳，在自由滑中完成5个四周跳"发起冲击。前世界冠军陈伟群也放弃了"只会后外点冰四周跳就够了"的想法，在休养期间开始练习后内结环四周跳。

围绕着四周跳，男子花样滑冰界风云四起。至今为止，无论是有关四周跳的理论，还是人体体能极限，一切都被颠覆，花样滑冰界自此开启了四周跳"群雄争霸"的时代。

毋庸置疑，羽生作为先驱者也迎来了竞争对手们的挑战。于是，他开始计划将前无古人的后外结环四周跳纳入节目中。

虽然羽生在至今为止的训练中成功完成过几次后外结

环四周跳，但运用在比赛中又是另一回事了，不仅要提高在训练中的成功率，而且在正式比赛中要一次成功的精神压力也很大。

羽生日复一日地专注于后外结环四周跳的练习。在 9 月的媒体采访中，羽生说道："这个动作有可能加入我的节目中。练习跳跃动作的第一年非常困难，我想顺着那种感觉进行练习。要在比赛中加入自己跳得了的动作，如果不能跳，就没有意义了。"

羽生使用"宣言"的方法，再次提及了"为了比赛进行训练"这一方法。这些都源于羽生迄今积累的经验。

随后，羽生在 2016—2017 赛季的首战，也就是秋季国际经典赛（在蒙特利尔举办）中尝试了后外结环四周跳。在此次比赛中，羽生在短节目和自由滑中都成功完成了后外结环四周跳，成为世界上首位成功完成这一动作的选手。

但是，整场比赛的结果不尽如人意。短节目中的其他四周跳，羽生只完成了一周，在自由滑中也两度摔倒，总成绩仅为 260.57 分。虽然羽生完成了新的四周跳，但是得分比个人最好成绩低了近 70 分。

接下来的大奖赛首场分站赛，即 10 月的加拿大分站赛中，羽生依旧表现欠佳。后外结环四周跳失误了，其他动作也出现了失误，他最终只得到了 263.06 分，将冠军拱手让给了陈伟群，屈居亚军。

针对这一系列事件，奥瑟教练像准备好了似的，将羽生叫到教练室谈话，奥瑟教练说道："结弦，你现在太执着于后外结环四周跳了。我理解你想在本赛季成功完成它的心情，但是只练习跳跃的话，得分反而会下降。如果失误较多，节目内容分和跳跃加分就都没了。你不能再这样训练了，而应该把滑行、表演和跳跃这些方面都表现得可圈可点，才能得到较高的评价。这是只有成功者才能掌握的秘诀，是我们一起历经 4 年才发现的方法，不能把它丢掉。结弦，你已经证明了自己能够完成后外结环四周跳，因此没有必要每天练习它了。"

奥瑟教练深知得高分的秘诀，并不是增加四周跳的数量就能取得比赛的胜利。之前 330.43 分的高分是源于执行分加分和节目内容分。几乎所有裁判都对跳跃或旋转给予了 3 分的执行分加分，再加上将近 10 分的节目内容分，选手才有可能获得高分。即使加入四周跳，一旦有一个出现失误，整体的节奏就会被打乱，好不容易得到的执行分加分和节目内容分就都会丢掉，增加一个（种类的）四周跳所得到的基础分就失去意义了。奥瑟教练冷静地关注着男子单人滑四周跳的热战，制订了实际的应战策略。

于是，羽生也向奥瑟教练敞开了心扉。

首先，羽生已经用"宣言"的方法，提升了自己的动力，这也是他成功完成后外结环四周跳的原因。加入后外结环四周跳是羽生参加比赛的前提条件，他的想法是在完成后外结环四周跳的基础上，如何让整个节目日臻完美。"对我而言，后外结环四周跳是表演的一部分。我觉得只有成功完成跳跃，整个节目才算是无懈可击的。"

羽生绝不是要忽视整个节目。表演后外结环四周跳也不仅仅是为了增加一种跳跃，而是为了给他的整个表演增添光彩，羽生向奥瑟教练详细说明了自己的愿望。

此后，两人都认为这次谈话成为一个重要的转折点。

8月之后，羽生为备战秋季国际经典赛和大奖赛加拿大分站赛每天进行训练。奥瑟教练认为"结弦太执着于后外结环四周跳了"，羽生却觉得"奥瑟教练没有说出自己的真正想法，所以我很郁闷"……其实深入分析二人的心情，就会发现他们在本质上是一样的。接下来，齐心协力，朝着共同目标——"加入后外结环四周跳"和"让表演更具整体性"——努力的时机已经到来。

当然，即便成功完成 3 种超高难度的四周跳，但"意识到整个节目"的（全面）目标不是光靠努力就可以实现的。

这时，羽生用到的方法就是"让支持者成为伙伴，感谢一切，信任一切"。

"我和奥瑟教练讨论过，在参加大奖赛加拿大分站赛之前，我是为了跳跃练习滑行，因为我已经能够完成后外结环四周跳，那么我接下来要做的就是将滑行和跳跃有机地结合起来，努力提升表演的整体质量。想要做到这一点，我就得在滑冰时和观众产生共鸣。"

通过和粉丝建立联系，羽生更加明确想要在作品中传达的主题，也更容易通过表演表达出来。此次作战，羽生并不是只突出跳跃，而是想要呈现一个将表演、跳跃和艺术融为一体的作品。下一场比赛，就是大奖赛日本分站赛了，这是他能够让观众成为伙伴的最好机会。因此，他要一边想着和观众产生共鸣，一边训练。

"我在'蟋蟀俱乐部'训练的时候，没有观众观看，氛围就和比赛时有所不同，所以训练起来有些困难，但我仍想着通过'和观众互动'训练。因为我无法做到只在心中'看见'观众，所以这样的训练对我来说很有挑战性。"

和观众产生共鸣的瞬间

在 11 月的大奖赛日本分站赛中，羽生的神情与之前两场比赛中完全不同。虽然短节目开场的后外结环四周跳失误了，但是羽生把与观众互动放在首位。他像高喊着 "let's go crazy"（让我们疯狂起来）的摇滚明星似的，与激情呐喊的观众融为一体，心无旁骛地表演，直至曲终。

"在短节目中，我希望自己能像摇滚巨星普林斯·罗杰斯·内尔森开一场音乐会那样，与观众产生共鸣。"

比赛结束后，羽生吐了吐舌头，不禁苦笑，他冲着观众席说"再热情些"，一副仿佛在与全场观众对话的样子。最终，羽生的短节目得到 103.89 分，这是他在 2016—2017 赛季短节目成绩首次超过 100 分。

在自由滑中，羽生更是达到了一种新境界。他漂亮地完成了开场的后外结环四周跳，又接连完成了后内结环四周跳、后外点冰四周跳，成为首位在一个节目中成功完成这 3 种四周跳的选手。虽然后半段的四周跳出现了一处失误，但他并没有因此打乱自己的节奏。正是由于和观众紧紧相连，他才呈现出一个如此完美的节目。

"在自由滑《希望与遗赠》中，我回忆起滑冰生涯中大家给予我的希望，还有我对大家的感谢，我希望能和大家产生共鸣。"

羽生的自由滑得分为 197.58 分，总成绩是 301.47 分，这是他时隔 11 个月再次获得超 300 分的成绩。"因为是在日本比赛，所以赛场的气氛非常热烈。表演短节目时，我只是跟最前排的观众互动了；但在表演自由滑时，我放眼整个赛场。因为是在日本比赛，当我将目光投向整个赛场时，有一种和观众息息相通的感觉。此次比赛于我的整个滑冰生涯而言是一种成长，我终于可以从容地享受表演本身，并且和观众产生共鸣。"

"和观众产生共鸣"，羽生微微用力说出这种新方法时的模样让人印象深刻。他接着说道："隔了这么长时间又看到 300 分的成绩，我松了一口气。不管怎么说，这次能够和观众息息相通，在滑冰的时候，我非常开心。这就是本次比赛带给我的收获。虽然我也有很多不安的情绪，但也得到了很多支持，大家对我的期待化为了我前进的动力。在日本比赛真是太好了。"

羽生在"让支持者成为伙伴"这种方法的基础上，又钻研出了"和观众产生共鸣"这种方法，不断提高自己的水平。由于在大奖赛日本分站赛中问鼎冠军，将大奖赛总决赛的入场券收入囊中，因此他的脸上露出了清澈的笑容。

2016 年大奖赛总决赛在法国马赛举行。羽生在总决赛中首次实现四连冠，参加此次总决赛的，都是在四周跳热潮中脱颖而出的高手。

有会跳 4 种四周跳的陈巍、已经熟练掌握 2 种四周跳的费尔南德兹，以及在自己出色的滑行技术的基础上又学会 2 种四周跳的陈伟群，还有快速成长起来的宇野昌磨。这是四周跳群雄逐鹿的顶级选手首次齐聚一堂。

在大奖赛总决赛中，无论是跳跃还是技术都驾轻就熟的羽生没有受周围选手的影响，虽然他短节目中的后外结环四周跳稍微失去了平衡，但还是成功完成了。他使用了"和观众产生共鸣"的方法，使全场沸腾起来。最终羽生得到 106.53 分，成绩位居首位。

"因为我在大奖赛日本分站赛中挣脱了桎梏，所以现在能和观众融为一体，尽管我在后外结环四周跳上还有些遗憾。这次表演正是因为有观众的存在，我才得以成功完成，这也是我今后的目标。"

在自由滑中，羽生成功完成了后外结环四周跳、后内结环四周跳这两个高难度技术动作。所有人都深信不疑，他将是冠军。然而在节目后半段，羽生的跳跃相继出现失误，自由滑只得到了 187.37 分，位居第 3 名。最终，他还是以 293.90 分的总成绩夺得大奖赛总决赛金牌，实现四连冠。此次问鼎，让羽生的内心交织着喜悦和懊悔，他心中五味杂陈。

对羽生来说，有不甘，就一定会有反省和分析。

"总的来看，我在短节目中表现很好，也达成了四连冠的目标。要说今后有什么目标，那就是加强训练，期待在短节目和自由滑中都能够表现出色。虽然是为了比赛在进行训练，但以往的训练只是保证一个节目能顺利进行，今后要以兼顾两个节目为前提进行训练。"

羽生的言语中总是处处闪现着他的制胜法宝，比如"认真思考、寻找课题并全力解决，就能跨过阻碍"，还有"为了比赛进行训练"。

他深吸一口气，继续说道："在这个赛季，我将跳跃的难度提高了，得分反而下降了，真是不甘心。我想继续提高自己的得分，让别人追不上我。我原本想着在下个赛季的自由滑中完成 3 种四周跳，但现在我想在后半赛季完成这个目标。"

羽生总是说出自己的远大目标，他今天也使用了"宣言"这种方法。

虽然羽生是首个夺得大奖赛总决赛四连冠的选手，但他没有因此满足。接下来的目标是什么？我们可以看出羽生自如地运用着所有的"撒手锏"，并快速思考着。

为备战冬奥会进行训练

羽生本想在 2016 年 12 月的全日本花样滑冰锦标赛中弥补自己的遗憾，却因为患了流感缺席了比赛。2017 年 2 月，他参加了四大洲花样滑冰锦标赛。

此次四大洲花样滑冰锦标赛在平昌冬奥会花滑赛场举行，也是冬奥会前的测试赛。羽生首次来到江陵，呼吸着冬奥会赛场的空气，心中充满了强烈的兴奋和对未来一年的期待。

江陵市总人口 22 万，位于韩国的东海岸，夏季时会有众多游客来这儿洗海水浴，是避暑胜地。新建成的江陵综合运动公园中还有一个江陵冰上运动场，其中设有花样滑冰和室内短道速滑赛场。此场馆于 2016 年刚刚建成，可容纳 1.2 万名观众，座席呈倾斜状，体育馆整体像一个蒜臼。

四大洲花样滑冰锦标赛拉开帷幕。羽生结弦、宇野昌磨、陈巍、金博洋等四周跳的顶级选手都报名参赛，显然各位选手都意识到了提前体验冬奥会赛场氛围的重要性。

在短节目正式比赛中，进步飞速的陈巍和宇野昌磨均成功完成了两种四周跳，成绩都突破了 100 分。羽生率先开启"短节目 100 分"时代，如今其他选手也能做到了。羽生的后内结环四周跳只完成了两周，受失误影响，他在短节目中排第 3 名。

羽生就是一个在这种情况下还能发挥出自己实力的选手。他根据"不要追求零失误或排名，而要集中注意力在每一个动作上"的方法，在自由滑中做到了全神贯注。

尽管节目后半段的四周跳只完成了两周，不过接下来他"集中注意力在每一个动作上"。在随后的表演中，他将第 7 个动作阿克塞尔三周跳改为后外点冰四周跳，并成功完成。最终，羽生的自由滑以 206.67 分位居榜首，并以 303.71 分的总成绩获得银牌，实现了第 4 次突破 300 分。陈巍捧得桂冠。

"完成后半段的阿克塞尔三周接后外点冰三周连跳后，我想着在后半段再加入 2 个后外点冰四周跳。因为我觉得自己还有体力，所以想试试跳后外点冰四周跳。虽然（赛前）没有进行模拟练习，但是我（在比赛时，边跳边在心中）计算了自己连跳的个数。"

在比赛的过程中改变跳跃种类，把第 7 个跳跃换成四周跳并且还成功完成了，羽生展现出了惊人的集中力。此外，羽生还即兴增加了 1 个四周跳，也就是说他在节目中挑战了 5 个四周跳，可谓再次开启一种新境界。

"我无法想象在冬奥会比赛中需要完成多少个四周跳。不光是我，大家在交流切磋后都会增加四周跳的数量。尽管如此，我还是希望自己能继续领跑。实际上，我今天尝试做了 5 个四周跳和 2 个阿克塞尔三周跳。我觉得，照这样训练下去，也许我可以在节目中完成 5 个四周跳。"

羽生早已宣告他可能会"在节目（自由滑）中完成 5 个四周跳"，虽然他还没有将这种节目内容放到训练中，但他使用了"宣言"的方法将此设为实际的目标。

此外，参加四大洲花样滑冰锦标赛还有一个重要目的，那就是通过方法（5）"为了比赛进行训练"，为备战冬奥会而精益求精。因为参加此次四大洲花样滑冰锦标赛是选手们提前体验冬奥赛场的唯一机会。因此，羽生想到的不是四大洲花样滑冰锦标赛，而是要为了冬奥会，推进备战工作。

首先，冬奥会与其他比赛最大的不同就是比赛时间，平昌冬奥会的花样滑冰比赛将在白天举行。在一般情况下，花样滑冰的日程安排都是"从早上到中午是公开训练，然后选手回酒店洗个澡小憩一会，晚上参加正式比赛"。因此，这是首个在白天举行的花样滑冰比赛。在比赛当天早上公开训练之后，仅剩的一点时间是回宾馆呢，还是一直待在赛场呢，或者是在外面等候呢？羽生还没有安排好冬奥会当天的日程。

此次四大洲花样滑冰锦标赛的自由滑比赛也安排在白天举办，所以这是一次能够体验冬奥会当天日程安排的机会。

因此，羽生在自由滑当天谨慎决定自己的日程安排。

"早上公开训练过后，我（没有回宾馆）在附近稍微休息了一会儿，又回到了场馆。我觉得这样的安排还是可以的，我感觉还不错。因为没有很累，所以我对参加冬奥会也有了信心。这次就是想试试在冬奥会的赛场参加比赛，比赛的时候，我也一直想着冬奥会。虽然表现并不完美，但我也拿到了自由滑第 1 名的成绩，冬奥会前的这场测试赛也许是一个好兆头。"

很多人只关注羽生的排名，认为他"在四大洲花样滑冰锦标赛中仅位居第 2 名"，但是羽生的心中没有悲伤和气馁，只有对未来成长的欣喜。他将"很开心能找到自己的弱点"这一方法铭记于心，向着 2017 年世界花样滑冰锦标赛挺进。

把"束缚"转变为动力

羽生和费尔南德兹回到多伦多，重启训练，此时距离世界花样滑冰锦标赛还有大约 1 个月的时间。羽生是 2014 年世界花样滑冰锦标赛的冠军，费尔南德兹是 2015 年和 2016 年世界花样滑冰锦标赛的冠军，两人在 3 年的时间里互相切磋，引领着世界男单花样滑冰的潮流。然而，他们都知道 2017 年世界花样滑冰锦标赛意义非凡。此场比赛不仅意味着选手在本赛季的综合表现，更重要的是，其结果决定了"谁将作为世界冠军参加冬奥会"。

倘若费尔南德兹在 2017 年的世界花样滑冰锦标赛上实现三连冠，那么他将以"索契冬奥会之后三连冠"的身份参加平昌冬奥会。提升了信心和他人对自己的期待，随之而来的压力也可想而知。

毫无疑问，羽生则想在 2017 年的世界花样滑冰锦标赛上再次夺冠，想要重拾信心参加冬奥会。

同时，其他年轻选手也渴望在冬奥会前一年登上领奖台。若是有希望在冬奥会上问鼎，那就更棒了。

冬奥会前一年的世界花样滑冰锦标赛排名，是冬奥赛季的一个重要伏笔。虽然裁判不会根据前一年的排名来打分，但能否捧得桂冠或奖牌，无论是对观众、粉丝、教练，还是对选手自己的心理，都会产生很大的影响。

在选手们各种各样的思虑中，2017 年世界花样滑冰锦标赛在赫尔辛基拉开帷幕。短节目势头最强的无疑是费尔南德兹，他表演的节目是弗拉明戈舞《马拉加舞曲》，对于西班牙人费尔南德兹来说，没有人比他更适合这个节目。他还成功完成了 2 个四周跳，以 109.05 分的成绩居首位；而羽生则由于后内结环四周跳出现失误，仅得到 98.39 分，排名第五。

短节目结束后，羽生不免有些心灰意冷，但他说"团队和粉丝们对我的信任给予我力量"。

第二天，羽生重整旗鼓，运用了在四大洲花样滑冰锦标赛上摸索的成功经验，调整心情，也就是"不要追求零失误或排名，而要集中精力在每一个动作上"。虽然在短节目中暂时落后，但他没有被排名束缚，而是全神贯注地投入比赛之中。

在自由滑比赛中，羽生成功完成了开场的后外结环四周跳和接下来的后内结环四周跳，后半段的"四周接三周连跳""阿克塞尔三周接两周连跳""阿克塞尔三周接一周接三周连跳"，全部出色完成。赛后，羽生在接受记者采访时这样说道："比赛时，我把注意力集中在自己的每一个动作上，达到了平衡跳跃和表演的最佳状态。不仅是后外结环四周跳，在表演后内结环跳和后外点冰跳时，我也是专心的。随着我成功完成一个个跳跃，我慢慢感觉自己仿佛置身于清风、河流等大自然的怀抱之中。"

这完全是一种新境界。羽生的身体"融化"在舒缓的曲调中，而跳跃就像编织旋律的乐器。

在第二天的记者招待会上，羽生评论道："束缚我的，正是以前的我。110分、220分、330分，正是我在大奖赛总决赛中创造的这些世界纪录束缚了我，这是非常可怕的。我现在感觉自己终于向前迈出了一步。即便如此，我还是被世界纪录束缚着。但是，正因为有这种束缚，我才渴望自己能做到零失误，如果做不到，我就会焦躁不安，所以今后我也会努力训练。"

文库版后记

羽生终于分析了自己一直无法说出口的"束缚"。自他创造世界纪录以来，已过去了一年零四个月，他成功地将"束缚"转变成动力。

　　当然这时的羽生也使用了一种方法。他意识到自己的弱点，即无法做到零失误，进而想要变得更强。这就是"很开心能找到自己的弱点"这种方法。

　　接下来，他像往常一样，谈论了自己用一个晚上分析出的收获和今后的课题。

　　"首先我树立了信心，我在比赛中是可以完成4个四周跳和2个阿克塞尔三周跳以及连跳的。训练时不给自己设定上限就是我最大的收获。对我来说，今后最重要的是，让短节目和自由滑齐头并进。"

　　他积累起来的方法在此次的世界花样滑冰锦标赛中发挥了很大作用。

　　羽生接着说道："我没有信心说自己一定会在平昌冬奥会上卫冕。观众都期待着我能够守擂成功，希望我可以不辜负大家的期待，夺得金牌。"

　　最终，羽生作为冬奥会前一年的世界冠军参加了平昌冬奥会。他总是能够"让支持者成为伙伴"，所以对他而言，这不是压力，而是莫大的动力。

　　　　　　　　　　　　　　　　羽生结弦：王者之路

不断超越自己，让自己变得更强

羽生以卫冕为目标的平昌冬奥会终于到来了。他决定在冬奥赛季的短节目中使用肖邦的《第一叙事曲》，自由滑曲目则是"SEIMEI"。8月，他在"蟋蟀俱乐部"举行了公开训练，向媒体展示了自己扎实的训练成果。

由于他在短节目和自由滑中沿用了2015—2016赛季的曲目，大家对于羽生采取的策略一时众说纷纭。大众普遍觉得他使用同样的曲目有以下几点好处：对于曲子已经非常熟练，所以会提升节目完成度；节目已经获得了很高的评价，所以比赛时会胸有成竹；已经能够熟练把握跳跃和音乐的节奏与时机。

不过，说起这种策略的缺点，无疑就是将与之前的表演形成鲜明对比。就算羽生完成得和上次一样出色，也难免会给人留下"没有进步"的印象，因为毕竟是同一首曲目。

还有意见认为"评委会对同一首曲目产生厌烦，所以无法获得较高的节目内容分"，这完全是毫无根据的谣言。毫无疑问，冬奥会的裁判都积攒了几十年的经验，对规则非常熟悉，有着"敏锐的洞察力"。他们会纯粹根据选手当天、当时的表现来评价，和选手以前的表演以及表演了几次都没有任何关系。

倒不如说，倘若真是创造世界纪录的精彩表演，裁判们"想亲眼看见""想见证历史时刻来临"的想法更为强烈吧。坐在裁判席的裁判会被完美的表演打动，给出 10 分。

因此，羽生沿用之前的两首曲目，本身并没有引起话题的必要。

特别是自由滑曲目，可谓是羽生滑冰生涯的集大成之作。关于自由滑，他说道："重要的是我自己的表演。我只要集中精神，不去想多余的事情就行了。"这说明这首曲目对他来说是不可替代的。羽生的心跳能够和这首曲目的节奏完美地融为一体，只要他自如滑行，从容地完成跳跃，就能和音乐的节奏完美契合……这样一首"自己的心脏和音乐的节奏"完美融合的"只属于自己的曲目"，羽生怎么可能不在冬奥赛季使用呢？

羽生在 2017 年 6 月末开始滑冰训练，为冬奥赛季做准备。和往年一样，世界花样滑冰锦标赛在 3 月末至 4 月举办，冬奥会则是在 2 月中旬开赛。为了能够提前两个月达到巅峰状态，羽生从前一年的夏天开始加强训练，以期在比赛时达到完美状态。在这个夏天，他训练的感觉很不错。

羽生结弦：王者之路

本赛季首站是 9 月的加拿大秋季国际经典赛。和往年相同，比赛仍在蒙特利尔举办。羽生与同门的费尔南德兹和艾力扎别特·图尔森巴耶娃携手报名参赛。这是布莱恩团队出战的一场比赛。

然而，大约从 9 月 10 日开始，羽生就觉得右膝不太舒服。从上个赛季开始加入的新跳跃——后外结环四周跳是右脚起跳、右脚落冰，很容易使右脚负担过重，若是不控制训练量就很容易受伤。羽生一直"随心所欲"地训练，导致劳累过度。

因此，羽生决定不在首战中加入后外结环四周跳，打算经过专门治疗后再参加比赛。

加拿大秋季国际经典赛是在 9 月 21 日开赛。虽然此次"测试赛"并不直接关系到冬奥会的选拔，但 1 200 张门票还是销售一空，观众席里坐满了羽生的粉丝。

羽生的短节目表演可谓精彩绝伦。他出色完成了 2 个四周跳，创造了 112.72 分的世界纪录，开启了一个最精彩的赛季。

然而，在第二天的自由滑中，他的表演却判若两人：开场的跳跃只完成了一周，节目后半段也失误连连。最终羽生以 268.24 分的总成绩屈居亚军，费尔南德兹逆转局势，一举夺魁。

羽生立刻思考自己失败的原因：为什么在短节目中能发挥出实力，在自由滑中却失误频发呢？

之后，他谈到这是因为自己在集中注意力的方法上有差别。

在早上的短节目公开训练时，羽生状态欠佳，3个跳跃全失误了，但是他想着"不要追求零失误或排名，而要集中精力在每一个动作上"。

"我参考了参加世界花样滑冰锦标赛时的情景，真正做到了集中注意力。虽然我才22岁，但在整个滑冰生涯中已经参加了100多场比赛。我会回顾自己的每一场比赛，思考自己在什么样的情况下可以出色发挥。"

然而，他在自由滑中是一种什么样的精神状态呢？羽生这样说道："果然如我所想，如果我在短节目中表现很好的话，自由滑表演就会变得很艰难……"

首先，他总结了"成功的时候，短暂欢呼后，就要继续往前看"的方法，在此基础上，羽生谈及自己失误的原因。

"昨天短节目表演结束之后，大家应该都在说'如果当时表演的不是后外结环跳，而是后内结环跳就好了'。为了完成（难度较低的）后内结环跳，稳拿100分，这样

羽生结弦：王者之路

以后在自由滑训练中更加努力。其实我也萌生了这样的想法，所以我后悔万分。

"我意识到，自己的脑海深处有个想法，想在冬奥赛季回避后外结环四周跳，但这不是我的风格，所以在自由滑表演时，缺乏竞争意识。

"这样一来，我意识到倘若不挑战一下，那就不是我独有的表演了。所以今天，我有一种又焦急又懊悔的情绪。今天的跳跃内容没能把我自己会的东西发挥出来，所以在表演时，我总想着'好想多跳一点啊'。要是成功完成后外结环四周跳就好了，要是完成勾手跳就好了……比赛时，我一直想着这些事情，注意力就无法集中了。"

羽生好胜心强，即便不使用什么利器，挑战精神也会油然而生。可是冬奥赛季一开始，他的心理层面就微微发生了变化。

弄清自己失误的原因之后，他就露出了充满干劲的笑容。

"我对短节目有一种非常强烈的感觉，就是'要在冬奥会上夺冠'。为了达成自己这个非常强烈的目标，表演的跳跃动作就要更难，我要超越现在的自己。"

我要超越强大的自己。羽生再次使用了"宣言"的方法，而且他在大奖赛的首战——10月的俄罗斯分站赛中用行动做到了。首先是在自由滑中，他首次成功完成了勾手四周跳，四周跳组合达到了最高难度。在短节目中他完成了2个后外结环四周跳，在自由滑中更是挑战了5个四周跳。

事实上，除了勾手四周跳，羽生在完成其他四周跳时均出现了失误，最终以290.77分的总成绩摘得银牌。赛后，他"神清气爽"地笑着说道："我挑战了自己迄今能做到的最高难度。单凭后外点冰四周跳和后内结环四周跳就能创造新的世界纪录，倘若采取那样的策略，我也有信心能零失误地完成表演。但是，那样对我来说，滑冰就失去意义了。我想正是因为我对自己有所期待，不断给自己施加压力，自己才会变得更强。"

只想变得更强。羽生始终坚守着自孩童时期的心愿，不断地挑战自我。

"王者之路"是羽生在2015年大奖赛总决赛上获得330多分的那一瞬间构筑起来的，然而，并不是采用同样的方法就能不断取得胜利。羽生在2017—2018赛季的首战中学到的，就是作为冠军，不仅要拥有技术、地位和经验，还要保持自己的挑战精神。

要想熟练运用这些方法，最后的挑战精神不可或缺。请允许我在此后记中加入最后一个"王者的方法"。

（9）"要想熟练使用'王者的方法'，挑战精神不可或缺"

羽生在18年的滑冰生涯中积累了无数经验，或许他会在平昌冬奥会期间发现第10种新方法。他会运用这些方法，在自己的花样滑冰人生中不断前行。

平昌冬奥会已进入最后的倒计时，我衷心祝愿每一位选手都能发挥出实力，创造出更多传奇表演。

2017年10月

野口美惠

本文图片

榎本麻美（扉页/2016年、p.4下、p.5~15、p.24、
　　　　　p.25/2015年、p.26~32/2017年）
野口美惠（p.2）/桥本笃（p.3）
杉山拓也（p.4上）/田中宣明〈Shutterz〉（p.16）
黑濑康之（p.17/2013年）
山田真实（p.18~23/2012年）

图书在版编目（CIP）数据

羽生结弦：王者之路 /（日）野口美惠著；王静，刘健译 . -- 北京：中信出版社，2022.1（2022.8 重印）
ISBN 978-7-5217-3882-7

I. ①羽…　II. ①野…②王…③刘…　III. ①羽生结弦－传记　IV. ①K833.135.47

中国版本图书馆CIP数据核字（2021）第 280485 号

羽生结弦：王者之路
著者：　　〔日〕野口美惠
译者：　　王　静　刘　健
出版发行：中信出版集团股份有限公司
（北京市朝阳区惠新东街甲 4 号富盛大厦 2 座　邮编　100029）

承印者：　北京盛通印刷股份有限公司

开本：880mm×1230mm　1/32　　　彩插：16 页
印张：10.25　　　　　　　　　　　字数：163 千字
版次：2022 年 1 月第 1 版　　　　 印次：2022 年 8 月第 5 次印刷
京权图字：01-2021-6929　　　　　 书号：ISBN 978-7-5217-3882-7
定价：69.00 元